Biblioteca de Criminología

Sergio Sánchez Rodríguez
(Director)

Carlos Antonio Agurto Gonzáles
Sonia Lidia Quequejana Mamani
Benigno Choque Cuenca
(Coordinadores Generales)

DAVID J. BORDUA
Profesor Emérito de Sociología
Universidad de Illinois

TEORÍA E INVESTIGACIÓN DE LA DELINCUENCIA JUVENIL EN LOS ESTADOS UNIDOS

CORRIENTES DE MAYOR IMPORTANCIA DESDE 1930

Edición al cuidado de
Carlos Antonio Agurto Gonzáles
Sonia Lidia Quequejana Mamani
Benigno Choque Cuenca

Ediciones Olejnik

Título: Teoría e investigación de la delincuencia juvenil en los Estados Unidos. Corrientes de mayor importancia desde 1930

Huérfanos 611, Santiago - Chile
E-mail: contacto@edicionesolejnik.com
Web site: http://www.edicionesolejnik.com

Primera edición en Ediciones Olejnik: 2023

ISBN: ISBN 978-956-407-104-6

Diseño de Carátula: Ena Zuñiga
Diagramación: Luis A. Sierra Cárdenas

Impreso en Argentina 2023 Printed in Argentina

ÍNDICE

PRÓLOGO

El presente texto, es uno de esos que vale la pena leer, leer no sólo por el profesional avezado e interesado en la ciencia y epistemología criminológica, sino, por todo aquel que busque una mirada panorámica de este devenir disciplinar, pues, el esfuerzo del autor si bien se centra en la realidad de los Estados Unidos, con mucho logra resumir de forma concomitante lo más relevante de la experiencia investigativa y teórica que desde ese país ha salido al mundo. De aquí la importancia y acierto de esta obra: abarcar -sin una intención premeditada-, más de lo que se propone.

En este sentido, David Bordua aboca sus fuerzas por presentarnos de forma ordenada y secuencial, los enfoques teóricos dominantes en la criminología de EE.UU desde los años 30 hasta comienzos del siglo XX, esfuerzo que se inicia con la revisión de los supuestos de la escuela sociológica de Chicago en manos de sobresalientes representantes como Sutherland, Shaw y McKay, hasta finalizar con las ideas de Merton, todas miradas, cuya esencia transversal sitúa a la educación (asociación diferencial), la organización social y la disposición urbana (mirada ecológica), como los principales agente precursores de la conducta delictiva.

Una vez realizado lo anterior, con la misma simpleza y coherencia de su pluma, Bordua nos muestra el dorso de la moneda; el enfoque psicológico de la delincuencia, que a partir de los estudios de Healy y Bronner, posicionarán a los desórdenes intra-psiquicos -producto de frustraciones en las relaciones familiares- como el nuevo eje explicativo de la conducta criminal, que con posteriores variantes -que irán desde la revitalización de la teoría innata o constitución biológica desarrollada por Hooton (al más puro estilo lombrosiano), transitando por la frustración diferencial planteada por Dollard, hasta decantar en todo el arsenal de inventarios de personalidad criminal-, se alejaran del enfoque sociológico potenciando y aperturando una nueva óptica epistémica: el enfoque psiquiátrico, paradigma que pondrá acento en los problemas de estructura psíquica de los sujetos resultado de relaciones familiares disfuncionales en su infancia como eje de la conducta desadaptada y criminal, como las separaciones familiares o break home (hogares rotos) estudiados por Sheldon y Eleonor Glueck.

Así, *Teoría e Investigación de la Delincuencia Juvenil en Estados Unidos,* es una interesante e ilustradora revisión de los principales elementos conceptuales de la teoría criminológica desde su variante sociológica, psicológica y psiquiátrica, que entrega coordenadas para una profundización o síntesis teórica por medio de un lenguaje claro y sencillo, que permite la hilatura de contenidos y referencias que facilitan y hacen amena la lectura.

Sumado a todo lo anterior, el presente libro posee otra «gracia», cual es, lo atingente que se presenta para el análisis del fenómeno delictivo en las sociedades modernas, pues, pese a los años que distan, muchas de las teorías revisadas (por no decirlo todas, en mayor o menor medida) forman parte de la batería recurrente que orienta y encausa el trabajo de quienes hacemos nuestra la labor de abordar e investigar los mundos delictivos. Por ende, este es un texto de otro tiempo con plena vigencia actual. Un esfuerzo de síntesis y reflexión, que sin lugar a dudas, merece un lugar en la biblioteca del académico, investigador o estudiante como ayuda-memoria y/o material de consulta.

Mtro. ALEJANDRO ROMERO MIRANDA.
Director Programa de Investigación y Análisis Delictual PIAD.
Universidad La República (Chile)

Rengo, verano del 2021

INTRODUCCIÓN

El presente trabajo tiene por objeto informar sobre las diversas corrientes en la teoría y la investigación de la delincuencia juvenil en los Estados Unidos. Abarca el período de 1930 hasta hoy. No pretendemos hacer un estudio exhaustivo de la literatura norteamericana relativa a la delincuencia en este período, sino más bien concentrarnos en las teorías de mayor importancia y en los resultados de las investigaciones y estudios de los cuales dichas teorías derivan.

Hemos dividido el período que estudiamos en dos: uno anterior a la última guerra mundial y otro posterior a ella. En el primero —la década que sigue a 1930— clasificamos los más importantes puntos de vista dentro de las categorías tradicionales (sociológica, psicológica y orgánico-biológica). Lo mismo se ha hecho con respecto al segundo período.

La tercera y última parte de este trabajo está especialmente dedicada a una importante corriente surgida desde la guerra o que, por lo menos, desde entonces, ha adquirido apreciable fuerza. Se trata de aquella tendencia que hace convergir los puntos de vista sociológico y psicológico en el campo de la delincuencia.

DAVID J. BORDUA

1.

EL DESARROLLO DE LA TEORÍA EN LA DÉCADA 1930-1940

I

Comenzaremos tratando los más importantes enfoques en el estudio de la delincuencia juvenil en la década posterior a 1930. Nos enfrentamos aquí con el problema de la selección, ya que lo limitado del espacio obliga a concentrarnos en unos pocos puntos de vista y en unos cuantos autores sobresalientes. Pondremos énfasis en los trabajos de Clifford R. Shaw y Henry McKay y en el de Edwin H. Sutherland. Estos autores, y otros a los que nos referiremos de paso, fueron representativos del «enfoque sociológico", y gran parte de la controversia en torno al estudio de la delincuencia, conforme con este criterio se concentró en ellos.

Si se tratara de escoger un factor social como centro de atención de la sociología norteamericana, desde la época de la guerra de 1914 hasta el año 1940, sería el factor ciudad. El interés despertado por el fenómeno de la urbanización y por sus correspondientes problemas no era nuevo, desde luego, pero la sociología en los Estados Unidos, especialmente desde 1920 a 1940, fue literalmente dominada por el tema de la ciudad. Fue en Chicago, donde se estudió la ciudad como tema principal en una serie de investigaciones sociológicas. Parte de este estudio de la relación entre la ciudad y la conducta humana, ha sido el trabajo de Shaw y McKay sobre la delincuencia juvenil.

En 1924, Shaw publicó su primer trabajo sobre este tema, bajo el título de «*The Delinquency Area*». En 1931, Shaw y McKay publicaron una monografía sobre las causas de la delincuencia, que formaba parte de la serie de estudios patrocinados por la «National Commission on Law Endorcement and Law Observance». La monografía de Shaw y McKay se denominaba «Social Factors in Juvenile Delinquency». En 1942, Shaw y McKay publicaron su obra de mayor envergadura: «Juvenile Delinquency and Urban Areas». Se trataba de un estudio tendiente a generalizar para las demás ciudades de los Estados Unidos las conclusiones que hasta entonces se habían obtenido en Chicago.

El «area approach»[1] —como se dio en llamarle— quedó ligada a los nombres de Shaw y McKay y se convirtió en una de las más importantes contribuciones sociológicas al estudio y a la investigación de la delincuencia. También se convirtió en el blanco de los ataques tanto de los que no aceptaron las líneas generales del pensamiento sociológico en cuanto a la delincuencia como de los que se oponían al «area approach» en particular. Por lo tanto, la historia de los ensayos para explicar la delincuencia en los Estados Unidos, no puede ser relatada sin considerar muy atentamente la obra de Shaw y McKay. Para exponer su trabajo utilizaremos principalmente su publicación de 1931 (45), y procuraremos actualizar la discusión mostrando los cambios ocurridos hasta la época de la publicación de su trabajo más extenso, en 1942 (44).

La obra de Shaw y McKay es notable, no solo por su contribución directa al estudio de la criminalidad juvenil en Norteamérica, sino porque es un ejemplo de aplicación de varios enfoques del pensamiento y análisis sociológicos, a un problema específico de la conducta humana. Es más bien la amplitud teórica del llamado «area approach», reuniendo estudios de los procesos ecológicos en el desarrollo urbano, por un lado, con estudios de los motivos individuales, por otro, lo que hace de la obra de Shaw y McKay algo distinto de los muchos análisis simplistas.

Siguiendo estas consideraciones teóricas, podemos distinguir en el «area approach» cinco perspectivas diferentes, pero a la vez relacionadas. Son estas: la ecológica, la demográfica, la de la organización local, la de la organización delincuente y la de las características individuales. Refiriéndonos a la exposición más directa de los resultados de su trabajo, ilustraremos estos enfoques del estudio de la delincuencia basándonos en su obra de 1931 (45, Cap. XII).

Sin embargo, antes de hacerlo, vamos a señalar los datos que sirvieron de base al «area approach». En el capítulo mencionado, varias afirmaciones se refieren a los hechos iniciales que sirven para definir la naturaleza de la tarea analítica. Son estos: la variación que experimenta la incidencia de la delincuencia de un sector a otro de la ciudad, la notoriedad de estas variaciones, su persistencia en el tiempo y el paralelismo existente entre las variaciones de los casos de reincidencia y los de los casos de delincuentes sin antecedentes penales. Estos eran los datos básicos de los cuales Shaw y McKay hicieron un complejo análisis.

El primer punto de vista para comprender estos hechos, se expresaba en términos de las entonces muy desarrolladas y apreciadas teorías ecológicas. Partiendo de estas teorías, Shaw y McKay intentaron relacionar las variaciones espaciales de la incidencia de la delincuencia, con el desarrollo funcional de la ciudad tal como se reflejaba en la diferenciación social y económica de sus sectores. Los elementos de la ubicación ecológica y del terreno fueron considerados como índices de zonas claramente distinguibles dentro de la órbita de la ciudad, caracterizadas por tipos especializados de uso del terreno y que a la vez implicaban una relación funcional y previsible con el centro dominante de la ciudad, es decir: el núcleo central de los negocios y del comercio. Así, a este respecto, Shaw y McKay se preocuparon de demostrar que las zonas o focos de delincuencia, como las descritas por los ecólogos de Chicago, podían ser considerados como consecuencia de fundamentales procesos urbanos de ubicación.

No se escatimaron esfuerzos en demostrar la sistemática disminución de la delincuencia al alejarse del centro de la ciudad. También se trabajó mucho por demostrar la elevada incidencia de la criminalidad en lugares adyacentes a los centros de negocios y a los distritos industriales. La expansión de tales áreas causó la deteriorización de los sectores residenciales adyacentes.

Esto nos lleva al aspecto demográfico. ¿Qué tipos de población son atraídos a estas zonas de transición? Se trata de lugares donde se ven obligados a establecerse los que se encuentran en condiciones competitivas relativamente malas —inmigrantes recientes, negros, criminales adultos y otros. Semejantes sectores se caracterizan también por la disminución de la población, por su heterogeneidad y por el deterioro de las viviendas.

La heterogeneidad de la población, su inestabilidad, la presencia de inmigrantes recientes y de grupos migratorios de gente de color, favorecen el desarrollo de una estructura social tal como la demuestran las zonas de elevada delincuencia. En su resumen de 1931, Shaw y McKay se refieren a estas áreas como zonas de desorganización social —de falta de consenso entre los miembros de la comunidad con respecto a los valores culturales, de desplazamientos de población, de falta de organismos que expresen los sentimientos locales. Todo eso contribuye a formar una «comunidad» tan solo nominal y que no puede ejercer las funciones de un control social eficiente.

En semejante marco social, la delincuencia adquiere el carácter de una tradicional, organizada y persistente competidora de los valores morales de la sociedad convencional. Analizando la estructura social de la delincuencia misma, Shaw y McKay subrayan el hecho de que se trata de un fenómeno de grupo, y que los grupos de delincuentes poseen un sistema cultural o un código de normas altamente diferenciado y bien integrado, un sistema que es transmitido, de generación en generación, por medio de contactos personales entre los muchachos mayores y los menores.

Del análisis de la naturaleza estructurada y organizada de las actividades delincuentes, Shaw y McKay pasan al estudio del individuo delincuente en particular. Un muchacho determinado se convierte en delincuente al hacerse miembro de una pandilla delincuente y al asimilar su sistema cultural. Los móviles o deseos satisfechos por la participación en una pandilla de tal índole son los mismos que los que llevan a los muchachos, pertenecientes a ambientes sociales diferentes, a tomar parte en las actividades convencionales de la juventud —es decir, reconocimiento, aprecio, camaradería, emociones y aventuras. Estos y otros son los deseos satisfechos por el hecho de ser delincuente en una zona de alta delincuencia.

En un esfuerzo para sostener y afirmar la tesis según la cual la naturaleza de las áreas de delincuencia determina las variaciones de su incidencia, Shaw y McKay adujeron en su obra dos hechos comprobantes. Primero, señalaron que, aunque cada una de las zonas de alta delincuencia en Chicago ha conservado su relativa posición por décadas, la composición racial y étnica ha cambiado radicalmente. Por otra parte, cuando ciertos grupos de inmigrantes, cuya situación económica había mejorado, se trasladaron fuera de estas áreas, su delincuencia bajó. Shaw y McKay manifestaron también que las investigaciones de las variaciones locales de la delincuencia, realizadas en otras 6 ciudades norteamericanas, habían dado los mismos resultados que en Chicago.

En otro intento para comprobar el efecto de la vecindad local, con respecto a la delincuencia, los autores hicieron un estudio de la relación estadística entre la estructura familiar y la delincuencia. Los resultados indicaron que los «hogares deshechos» —fuera por orfandad, abandono, divorcio o separación, etc.—, no tenían ninguna relación clara y definida con la delincuencia. Reconocieron, sin embargo, que el estudio de casos particulares de individuos delincuentes indicaba que tales índices formales de la estructura y de las relaciones familiares, no eran adecuados para comprender la naturaleza del impacto de la familia sobre la delincuencia.

El planteamiento del «area approach», tal como lo hicieron Shaw y McKay en 1931, fue objeto de muchas críticas, tanto por parte de otros sociólogos como de los psicólogos. Las críticas se hicieron a diferentes niveles. El fundamento del pensamiento ecológico y el concepto de la desorganización social parecieron discutibles. Sin embargo, fue con respecto al análisis del proceso por el cual el individuo se convierte en delincuente, donde recayó la mayor parte de las críticas hechas a Shaw y McKay. Estas críticas se refirieron principalmente al problema de la motivación de la delincuencia y los estados psicológicos concurrentes. Algunas de estas críticas tuvieron como efecto ciertos cambios en la posición de Shaw y McKay en 1942.

Sin embargo, antes de entrar en la discusión de estos cambios, nos ocuparemos de la obra de Edwin H. Sutherland, ya que resalta muchas de las implicaciones del enfoque sociológico empleado por

Shaw y McKay, situándolas al nivel de una teoría general. Además, fue de Sutherland de quien, entre otras, procedieron gran parte de las críticas sociológicas hechas a Shaw y McKay.

Entre los aspectos del «area approach" que fueron objeto de las críticas, se destacan los siguientes : los datos básicos fueron puestos en duda por Sophia Robison, quien afirmó que la deficiencia de las estadísticas que llevaban la policía y los tribunales hacía imposible la determinación cuantitativa de la delincuencia en un área dada. También hizo notar lo que muchos críticos habían señalado —que las cifras oficiales de la delincuencia no reflejan fielmente las diferencias efectivas existentes entre una zona y otra, puesto que las familias de alta posición social, que viven en los periféricos distritos residenciales, no escatiman esfuerzos para evitar acciones judiciales, lo que tergiversa gravemente los datos oficiales (41).

Sutherland mismo criticó el concepto de la «desorganización social» en su aplicación al estudio de la delincuencia, sustituyéndolo por el de la «organización social diferencial». De este modo eludió la conclusión de que en las zonas de alta delincuencia había poca o ninguna norma de ordenación social. Healy y Bronner criticaron el «area approach» por no tener en cuenta dos hechos importantes —la mayoría de los muchachos aún en zonas de más alta criminalidad, no se vuelven criminales, y muchos delincuentes vienen de zonas que distan mucho de presentar las supuestas características sociales de las zonas de elevada delincuencia (19). Tanto Healy y Bronner, como otros autores de orientación psiquiátrica que se interesaban sobre todo por casos individuales, criticaron duramente la conclusión básica del «area approach» —según la cual los delincuentes no difieren psicológicamente de los no delincuentes y que el llegar a serlo depende de la asociación a un grupo delincuente y de imbuirse de las normas de la cultura de tal grupo. En realidad, Shaw y McKay, en su obra de 1931, no se preocuparon de precisar el proceso por el cual un muchacho participa en una pandilla y otro no. Tampoco indicaron por qué la pandilla delincuente y sus actividades resultaban tan atrayentes para sus miembros, siendo los móviles de la participación perfectamente normales y comunes a todos los muchachos.

Volveremos a la última obra de Shaw y McKay, después de haber considerado la contribución de Sutherland a la teoría de la delincuencia y después de haber presentado el pensamiento psicológico y biológico en este campo. La publicación de Shaw y McKay de 1942, será considerada cuando tratemos el pensamiento y las investigaciones hechas hacia el final de la década 1930-40.

No es necesario decir que la obra de Shaw y McKay, aunque dedicada al análisis de las variaciones locales en la incidencia de la delincuencia, se inspiró en un pensamiento sociológico más amplio. Esto es válido, sobre todo, en lo que se refiere al concepto de la desorganización social y al estudio de los procesos sociales que destruyen la unidad social y moral de la comunidad local. Posiblemente, el autor más representativo de esta tradición es W. I. Thomas, cuya obra sobre la adaptación de los inmigrantes fue sumamente importante para fijar las líneas generales de la teoría de la desorganización social en los Estados Unidos (55). Así, en la labor teórica anterior a Shaw y McKay, como en su propia obra, está implícito un enfoque teórico más amplio de la conducta desviada y de la criminalidad juvenil. Esta concepción más amplia la encontramos en el nivel de la estructura social y de la integración cultural. En efecto, la «desorganización social'' y el «conflicto cultural» pueden ser considerados como los elementos básicos del enfoque sociológico en el estudio del crimen y de la delincuencia en los Estados Unidos. El análisis a base del concepto del «conflicto cultural» ha sido desarrollado en la forma más sistemática por Sellin (43).

Sin embargo, fue Sutherland quien señaló las implicaciones del enfoque sociológico en su forma más general y las aplicó, no a las variaciones en la incidencia de la delincuencia, sino a los procesos por los cuales el individuo se convierte en delincuente. Esto lo hizo Sutherland con la hoy famosa teoría de la asociación diferencial.

Desarrollada como reacción contra las teorías basadas en la anormalidad o inferioridad psicológica o biológica, y derivada del pensamiento sociológico general inherente a los conceptos de conflicto cultural y de desorganización social, la teoría de la asociación diferencial ha proporcionado uno de los más amplios campos de disputa teórica en el análisis de la delincuencia juvenil y del crimen en los Estados Unidos.

La reciente publicación de los «The Sutherland Papers», por Cohen, Lindesmith y Schuessler, nos da la oportunidad, hasta ahora inalcanzable, de comprender parte del pensamiento que inspiró las aseveraciones de Sutherland (6). La teoría de la asociación diferencial apareció por primera vez en forma explícita en el texto de Sutherland de 1939 (49). Sin embargo, se trataba de una teoría que hacía tiempo se estaba elaborando.

En una sencilla serie de proposiciones, Sutherland presentó un esquema teórico con el objeto de explicar toda «forma sistemática del crimen». En la edición de 1947, la clase de conductas a la que la teoría parecía aplicable, fue ampliada para abarcar toda clase de conductas criminales —incluso la delincuencia juvenil. En substancia, la teoría es sencilla: la conducta criminal es el resultado de la participación del individuo en una cultura criminal y de su asociación con elementos portadores de semejante cultura.

Presentaremos las nueve proposiciones de la teoría de Sutherland para que el lector vea por sí mismo la relación que las une con el enfoque sociológico de Shaw y McKay y para que pueda apreciar mejor el impacto de estas afirmaciones en otros estudios de la delincuencia y del crimen. La siguiente formulación de aquélla se encuentra en la edición de 1947 de los «*Principles of Criminology*» de Sutherland (50).

La versión de 1947 es algo diferente de la de 1939, pero los elementos básicos son los mismos. Señalaremos los cambios después de haberla presentado. Se trata de la última formulación de su teoría.

Las proposiciones son las siguientes:

1) La conducta criminal es algo que se aprende;
2) La conducta criminal se aprende interactuando con otras personas en un proceso de comunicación;
3) Lo más importante del aprendizaje de la conducta criminal se realiza dentro de grupos íntimos y personales;

4) El aprendizaje de la conducta criminal incluye: a) técnicas para cometer los delitos, que son a veces muy complicadas y a veces muy sencillas; b) la dirección específica de los motivos, impulsos, racionalizaciones y actitudes;

5) La dirección específica de los motivos e impulsos se aprende de definiciones de los códigos como favorables o desfavorables;

6) Una persona se convierte en delincuente por un exceso de definiciones favorables a la violación de la ley en relación con las definiciones desfavorables a semejante violación;

7) Las asociaciones diferenciales pueden variar en frecuencia, duración, prioridad e intensidad;

8) El proceso de aprendizaje de la conducta criminal, por la asociación con moldes criminales y anti-criminales, se sirve de todos los mecanismos implicados en cualquier otro aprendizaje, y

9) Aunque la conducta criminal es una manifestación de necesidades y valores generales, no se explica por dichos elementos, puesto que la conducta no-criminal es una manifestación de las mismas necesidades y valores (50, págs. 5-9).

Las principales diferencias, con respecto a la versión de 1939, consisten en haber ampliado el concepto de la conducta criminal al cual la teoría se refiere, y en haber agregado en la séptima proposición, la duración, la prioridad y la intensidad como modos de variación de la asociación diferencial.

Como ya hemos dicho, esta formulación encajaba perfectamente dentro de las investigaciones y concepciones de Shaw y McKay y, en general, dentro del marco de la sociología en aquellos años. Se la elaboró con el objeto de pasar del nivel de la estructura social y cultural al nivel de la conducta individual.

En una conferencia dictada en 1942, Sutherland emprendió la tarea de relacionar su pensamiento con el de otros sociólogos. Encajó la conferencia en una serie de cuestiones que habían surgido en un seminario sobre la teoría de la asociación diferencial en su forma de 1939.

Una de estas cuestiones se refirió a la relación entre el pensamiento de Sutherland y los conceptos de conflicto cultural y de desorganización social. Dos citas de su conferencia de 1942, pueden servir para aclarar este punto y también para ilustrar cómo Sutherland adaptó estos conceptos a sus propias exigencias teóricas. Refiriéndose al uso restringido que hacía del concepto «conflicto cultural" Sutherland afirma:

> «Este conflicto cultural fue interpretado refiriéndolo específicamente a la ley y al crimen, sin incluir conflictos con respecto a la religión, la política, el nivel de vida u otras cosas. Antes había yo empleado el concepto del conflicto cultural en un sentido más amplio presumiendo que cualquier conflicto cultural motivaba el crimen...»
>
> «El segundo concepto, el de asociación diferencial, es una formulación del concepto de conflicto cultural desde el punto de vista de la persona que comete el crimen» (6, p. 20).
>
> «El tercer concepto, el de desorganización social, fue tomado de Shaw y McKay. Lo había usado, pero no me había satisfecho, porque la organización del grupo delincuente, que es muy compleja, se la puede considerar como desorganización social solo desde un punto de vista ético o desde otros puntos de vista particularistas. . . Este concepto ha sido substituido por el de organización de grupo diferencial con la organización para actividades criminales, por un lado, y la organización contra actividades criminales, por otro.
>
> Así, la organización del grupo diferencial explicaría la incidencia del crimen, mientras que la asociación diferencial explicaría la conducta criminal de un individuo» (6, p. 21).

Así, vemos que la teoría de Sutherland tenía el objeto de enlazar las diferentes teorías sobre las condiciones sociales y culturales de la alta criminalidad y delincuencia con la conducta criminal del individuo. Vemos también que Sutherland restringió el concepto del conflicto cultural mucho más que otros sociólogos cuyo interés por la ciudad políglota y por la asimilación de los inmigrantes llevaba a dar al conflicto cultural una importancia aún mayor. El «hombre marginal'' era considerado como alguien que había sido socializado en los confines de diferentes culturas y que como consecuencia había sufrido un estado de fuerte tensión psicológica. Aun en la obra de Shaw y McKay, y especialmente en sus estudios de casos individuales, el conflicto cultural y la heterogeneidad de las zonas de alta delincuencia estaban relacionadas no solo con la violación de la ley en sí, sino que constituían también una de las causas importantes de la incapacidad de la comunidad local para desarrollar métodos adecuados para la socialización de los niños y para el control del crimen. Por otro lado, las críticas de Sutherland al concepto de desorganización social, formaban parte de un movimiento más general que se desarrolló alrededor de 1940. En un principio, se consideró el barrio bajo como desprovisto de un orden social y de una reglamentación de la conducta individual. Con el tiempo, la imagen que se hacía del barrio bajo se volvió más exacta y precisa destacando una organización social altamente ramificada con respecto a la familia, la economía, los grupos étnicos y políticos, y dentro de la cual la organización del crimen (25) no constituía sino uno de los núcleos de aglutinación social. A la revisión del concepto de la estructura social del barrio bajo, ha contribuido también la obra de William Whyte (59).

Hoy, ya no se considera al barrio bajo como una masa amorfa y desordenada sino como poseedora de una estructura social. Prevalece la opinión de que la estructura social de las zonas de alta delincuencia es, solo en parte, susceptible de ser controlada por las fuerzas de la sociedad que representan la conformidad con las normas convencionales, incluso con el derecho penal.

Pero, a pesar de este movimiento revisionista con respecto a la estructura social de zonas de alta delincuencia, pocos sociólogos norteamericanos estarían dispuestos a restringir el concepto de conflicto cultural al concepto del conflicto de definiciones culturales relativas al derecho penal, ni tampoco a restringir la aplicación de la teoría de la organización social a la de la organización criminal en pugna con la anticriminal. Más tarde veremos que algunos trabajos posteriores dedicados al conflicto cultural y a los grupos de minoría, adoptan el enfoque original, mucho más amplio, de autores como Thomas y Luis Wirth (55, 61).

Antes de analizar la obra de Shaw y McKay, de 1942, vamos a señalar una de las características de la labor teórica de Sutherland que ha llamado relativamente poca atención, pero que ha sido la causa, en gran parte, de la acritud del debate entre los partidarios de Sutherland y los psicólogos.

Para Sutherland, había dos grandes posibles peligros que se debían evitar en el análisis de la conducta criminal. Uno de ellos era esencial y bastante fácil de captar. Sutherland rehusó las afirmaciones hechas por varias escuelas que sostenían que la conducta criminal era el resultado de una anormalidad o inferioridad psicológica o biológica. Gran parte de su vida la dedicó a atacar la creencia de que los criminales constituyen un grupo aislado, por características individuales, del resto de la población. Sus ataques contra esta concepción de psico-patología, que identificaba las causas del crimen con la debilidad mental y la inferioridad constitucional, son notables por lo agudos e incisivos y son considerados como clásicos por los tratadistas norteamericanos (48, 52).

El otro aspecto que nos interesa en la obra de Sutherland, y al cual se le ha prestado menos atención, no es tan esencial sino más bien de naturaleza formal y lógica. Sutherland buscaba una explicación «universal» del crimen en términos de procesos abstractos, condiciones necesarias y a la vez suficientes para la comisión del crimen. Sutherland derivó este marco de referencia lógico de su propio pensamiento y de la obra de Alfred Lindesmith (29).

Para Sutherland, cualquier sistema de proposiciones teóricas que pretendiera ser una auténtica teoría del crimen, debía tener semejante carácter universal. Si se encontraba una excepción a la regla general, esta debía ser cambiada, o la excepción debía conducir a una nueva definición de la clase de sucesos a los que la teoría se refería. Tal vez, las propias palabras de Sutherland, servirán para indicar el significado de esta posición metodológica. Al tratar el desarrollo de la teoría de la asociación diferencial y al considerar los hechos conocidos en lo que se refiere a la incidencia del crimen, Sutherland escribe:

> «Yo tenía bastante familiaridad con los informes sobre investigaciones en criminología, como para saber que centenares de

condiciones concretas tienen algo que ver con la conducta criminal, que de alguna manera están asociadas con ella. Pero cada una de las condiciones estaba asociada con ella en un grado relativamente bajo. Algunos negros cometen crímenes, otros no. Una condición concreta cualquiera se relaciona a veces con el crimen y otras veces no. Quizás no hay nada tan frecuentemente asociado al crimen como el hecho de pertenecer al sexo masculino. Pero es obvio que ese hecho no explica la conducta criminal. Llegué a la conclusión de que una condición concreta no puede ser la causa del crimen, y que el único modo de obtener una explicación causal de la conducta criminal, consiste en abstraer de las distintas condiciones concretas aspectos universalmente asociados con el crimen» (6, p. 19).

Esta posición de Sutherland era opuesta a una de las convicciones más fuertemente sostenidas por toda una gama de personas interesadas en los problemas de la delincuencia y del crimen —de los partidarios del enfoque de los «factores múltiples». Si la anormalidad individual era el objeto de la mayor parte de las censuras de Sutherland en cuanto al contenido, el enfoque de los «factores múltiples» era el objeto lógico de sus ataques. Despreciaba este enfoque, al que consideraba como un alejamiento de los principios científicos.

Con este abismo lógico entre ellos es fácil comprender la acritud del reciente comentario que sobre la teoría de la asociación diferencial escribió el Dr. Sheldon Glueck (14). En este ataque, publicado en 1956, Glueck calificó la teoría de la asociación diferencial como deficiente, superflua y superficial. Acusa a Sutherland de no prestar atención suficiente a los hechos proporcionados por las investigaciones y se inclina por la superioridad del enfoque ecléctico de los factores múltiples. Evidentemente hay aquí algo más que desacuerdo empírico. Se trata de lo que se entiende por «hecho» y por objetivos de la labor científica. Es interesante observar que las más importantes críticas a la obra de los Glueck («*Unravelling Juvenile Delinquency*») se dirigen hacia el enjambre de «hechos» aparentemente reunidos sin previa orientación teórica y luego interpretados en forma no sistemática o de acuerdo con postulados teóricos no formulados por los autores.

Cualquiera que sea la suerte de la teoría de Sutherland —él estaba en la vanguardia de los que presentaban objeciones lógicas y empíricas— por lo menos podemos decir que fue atrevido e imaginativo, que se consagró por completo a la teoría científica propiamente dicha, y no se retiró a posiciones estancadas, escondidas tras la cortina de humo de estadísticas «confiables».

Podemos referirnos ahora a la última obra de Shaw y McKay, publicada en 1942. Esta obra fue concebida con el fin de demostrar que las conclusiones del estudio de 1931, eran aplicables también a otras grandes ciudades de Estados Unidos. Veinte ciudades fueron estudiadas por los métodos conocidos de la primera investigación. En general, los resultados confirmaban las conclusiones primitivas en cuanto a las variaciones locales de la incidencia de la delincuencia. Así la última obra no cambió nada referente a los aspectos básicos de la perspectiva ecológica. Hubo, sin embargo, una serie de cambios en la interpretación de los resultados de la investigación en lo que respecta al enfoque desde el punto de vista de la estructura social.

En el séptimo capítulo de «Juvenile Delinquency and Urban Areas», Shaw y McKay interpretan los resultados de la investigación en Chicago. Hasta el mismo título del capítulo revela los cambios ocurridos en el pensamiento sociológico desde la obra de 1931, pues se denomina «Differences in Social Values and Organization among Local Communities». Luego, el capítulo en que debería aparecer el concepto de «desorganización social», incluye una sección titulada «Organización social diferencial» (44, p. 177), lo que refleja las críticas de Sutherland y de otros con respecto a la interpretación de los datos básicos en el enfoque de la organización social.

Este mismo capítulo concluye con un párrafo que esboza nuevos derroteros en el estudio sociológico de la delincuencia. Al tratar las relaciones entre la pobreza y la delincuencia, Shaw y McKay, junto a otros investigadores norteamericanos, se enfrentan con un problema muy difícil de resolver. Los datos estadísticos correspondientes son sumamente contradictorios. De un lado, los datos obtenidos de las grandes ciudades indican invariablemente que las áreas de alta delincuencia son al mismo tiempo zonas donde imperan malas condiciones económicas. Por otro lado, los estudios estadísticos de la relación entre la delincuencia y los ciclos económicos demuestran un aumento de la delincuencia en los períodos de prosperidad (3). Además, parece que las zonas rurales sumidas en la pobreza no tienen índices elevados de delincuencia. Así, la pobreza no es sencillamente un factor motivador de la delincuencia, sino que se relaciona con esta de una manera muy compleja.

Shaw y McKay intentan explicar esta relación compleja proponiendo la hipótesis de que los efectos de la pobreza sobre la delincuencia dependen de las condiciones prevalecientes en la estructura social.

> «Se acepta, generalmente, que en una sociedad libre, el esfuerzo desplegado para elevar el propio status social en términos de las normas reconocidas, es común a todos los individuos en todos los estratos sociales. Y es un hecho bien conocido, que, en todas las clases económicas algunas personas intentan mejorar su posición, violando las normas y leyes destinadas a regular la actividad económica. Sin embargo, se presume que estas violaciones, cuando afectan a la propiedad, son más frecuentes en aquellos casos en que la expectativa de mejorar, de esta manera, el propio status social, predomina sobre la de perder status y prestigio en la lucha competitiva. Es así como la existencia de un sistema de valores que sostiene a la conducta criminal, se convierte en un importante factor en la formación de los patrones de vida de ciertos individuos, ya que solo donde semejante sistema impera, puede el individuo adquirir, por medio de la actividad criminal, los bienes materiales tan necesarios para el status en nuestra sociedad y, al mismo tiempo, aumentar su prestigio dentro del sistema de pequeños grupos en el cual participe como parte integrante» (44, 183).

Semejante planteamiento y la afirmación de que la presión para mejorar el status social por medios ilícitos es mayor en los estratos económicos inferiores, constituyen la médula del artículo de Robert K. Merton, publicado en 1938 y titulado «*Social Structure and Anomie*" que tuvo notable influencia en el pensamiento de los sociólogos y psicólogos sociales norteamericanos. Influencia debida, principalmente, al hecho de que enfocaba la relación que existe entre las diferencias de las clases sociales y la conducta desviada dentro de una sociedad en la que cada uno está forzado a competir con todos los demás, para obtener o conservar su status, de acuerdo con una serie de valores que lo confieren, y que se aplican a todos los niveles sociales (32).

A fines de la década de 1930-1940, la posición «sociológica» frente a las causas de la delincuencia no pasaba de ser una colección algo desordenada de ideas poco sistematizadas, pero con algunos centros de interés acentuados. Los que citaremos a continuación son los puntos esenciales de dicho enfoque. Primero, la delincuencia era considerada como un problema del orden social y del control social. Donde la estructura social no proporciona ninguna clara definición cultural de la delincuencia señalándola como inaceptable, y donde el individuo no sufre pérdida de prestigio y de estimación como consecuencia de sus actos, allí florece la delincuencia. Es principalmente en la ciudad, heterogénea y cambiante, donde estas condiciones con mayor frecuencia se presentan, especialmente, en aquellas áreas de la ciudad donde la delincuencia es recompensada por la sociedad. El individuo se hace delincuente, incorporándose a grupos de delincuentes y adoptando sus normas. La contribución de Sutherland consistió en la generalización de estos puntos de vista dentro de una teoría universalmente aplicable, según la cual la aceptación de la cultura delincuente es la condición suficiente y necesaria de la delincuencia, presuponiendo semejante aceptación la asociación con otros delincuentes o criminales en íntimos grupos primarios.

En lo que respecta a la motivación y a la psicología individuales, los sociólogos recalcaron que los motivos y necesidades de los delincuentes son los mismos que los de los demás. En la obra de Shaw y McKay y en la de Merton se hacía algún hincapié en el bajo status económico como determinante de una situación en la que un número relativamente grande de individuos se sentiría inclinado a mejorar su status por medios ilícitos.

Al delincuente se le considera como a una persona esencialmente normal, a quien el ambiente social había llevado a satisfacer deseos y necesidades normales y comunes a todos por medios desviados.

Como es de suponer, estas proposiciones no dejaron de ser discutidas. Hemos dicho que Sutherland dedicó gran parte de su vida a atacar las teorías, falaces a su juicio, que sostenían que el crimen y la delincuencia se originaban en una inferioridad psíquica o biológica. También Shaw y McKay publicaron detallados estudios de casos delincuentes con el fin de demostrar que más bien su historia social que sus características psíquicas proporcionaban los elementos decisivos.

Sin embargo, los críticos esgrimieron también poderosos argumentos. ¿Acaso todos los muchachos de las áreas con elevada delincuencia se convertían en delincuentes? ¿No había también delincuentes en zonas residenciales con alto status social? ¿Por qué un miembro de una familia se vuelve delincuente y otro no? ¿Son todos los seres humanos igualmente susceptibles a los atractivos de la vida criminal? ¿No hay acaso delincuentes y criminales que muestran graves síntomas de desequilibrio psíquico? ¿Deben ellos ser excluidos de la clase de delincuentes a la cual se refiere la teoría de la asociación diferencial? ¿Qué hay de las diferencias individuales entre los delincuentes? ¿No es posible que una concurrencia única de factores causales produzca cada individuo delincuente?

Por supuesto, semejantes críticas fueron hechas y sostenidas por psicólogos y psiquiatras, especialmente por los que se ocuparon de casos de delincuentes en clínicas, reformatorios o casas correccionales. ¿De qué servían la teoría de Sutherland y las correlaciones de Shaw y McKay cuando uno se enfrentaba a un muchacho en particular?

II

El enfoque psicológico de la delincuencia se ha presentado en muchas variaciones en los Estados Unidos y ha contado con muchos y muy capaces partidarios. Los nombres que sobresalen son los de William Healy y Augusta F. Bronner, Largo tiempo vinculados al movimiento de orientación infantil, y con trabajos clínicos sobre la delincuencia, Healy y Bronner se convirtieron en los psicólogos opositores de Shaw y McKay. Su obra más importante «New Light on Delinquency and its Treatment'', fue publicada en 1936, tan solo cinco años después del primer estudio de Shaw y McKay (19).

Healy y Bronner no eran novicios en la investigación de la delincuencia juvenil. Ya en 1915, Healy había publicado un largo compendio de diagnósticos y recomendaciones clínicas «*The Individual Delinquent''* (18). Pero su influencia sobre el pensamiento teórico con respecto a la delincuencia data principalmente del estudio de 1936.

«*New Light on Delinquency and its Treatment*» es una obra que se distingue por su intención de probar la hipótesis de que la delincuencia es el resultado de conflictos y desórdenes intra-psíquicos, derivados de tempranas relaciones intrafamiliares y que las influencias sociales recalcadas por Shaw y McKay y Sutherland no proporcionan sino el escenario donde se desarrolla el conflicto generador de la delincuencia. Healy y Bronner sostienen que las ideas y los valores asociados con la delincuencia proporcionan los mecanismos gracias a los cuales los deseos profundamente frustrados son encauzados hacia fines antisociales. Su posición puede ser resumida en una breve cita:

> «¿Cómo se explica que algunos muchachos viviendo en el mismo ambiente familiar como el de un delincuente, con los mismos deseos comunes a toda la juventud, expuestos a las mismas presiones sociales y con ideas criminales al alcance, son capaces de abstenerse de una conducta antisocial?» (19, p. 8).

Un poco más adelante, las autores nos dan la respuesta:

> «Cuando no ha habido sentimientos profundos de privación, de insuficiencia o de frustración, en relación con los impulsos del ego o con los deseos de afecto, el individuo ha sido capaz de encontrar suficiente satisfacción en una conducta socialmente aceptable» (19, p. 9).

El planteamiento inicial es, pues, en términos de privaciones y conflictos intra-psíquicos derivados de las frustraciones producidas por las relaciones inter-personales en la familia. Sin embargo, más adelante, los autores estudian el problema desde un ángulo algo distinto. En lugar de enfocar los factores motivadores de la delincuencia como se hace en la teoría de las privaciones emocionales mencionadas, se preguntan por qué estos delincuentes no llegan a desarrollar controles o fuerzas capaces de refrenar su conducta criminal. Su respuesta sirve tanto a la teoría psico-analítica como a la teoría sociológica:

> «Al estudiar las vidas de estos muchachos, aparecía claramente que las inhibiciones y frenos sociales estaban ausentes en muchos casos por una deficiente formación del ego-ideal, como tan acertadamente se lo denomina. No habían existido lazos afectivos fuertes que los hubieran unido a una persona que presentara satisfactoria conducta social» (19, p. 10).

Y más adelante afirman:

> «Por el contrario, al estudiar a los no delincuentes nos encontramos con notable evidencia de la existencia de fuertes lazos que los ligan a alguna persona, generalmente a uno de los padres —a veces a un padre indigno, pero no considerado como tal por el niño— cuya estimación era anhelada y era obtenida y retenida si el muchacho permanecía no delincuente» (19, p. 11).

Según esta teoría, las tempranas relaciones intra-familiares son importantes no solo porque intervienen en la génesis de la motivación de la delincuencia, sino también porque determinan la ausencia de relaciones sociales que permiten el desarrollo de controles intrapersonales sobre los impulsos criminales. De acuerdo, en general, con la teoría psicoanalítica, Healy y Bronner consideran los niveles de la motivación y de los controles de conducta como series de variables analíticamente distintas, pero íntimamente relacionadas, determinantes de la conducta.

Teniendo en cuenta este marco teórico podemos ahora proceder a describir las investigaciones de Healy y Bronner.

Se escogieron ciento cinco delincuentes y ciento cinco no delincuentes —hermanos de los primeros— como grupo de control. Con este procedimiento se pretendió mantener constantes, para los dos grupos, las influencias de la vecindad y de los aspectos más generales de la vida familiar. Para controlar, por lo menos parcialmente, los efectos de las diferencias de edad, se eligieron como grupo de control a los hermanos más próximos en cuanto a su edad. El proyecto fue, pues, concebido con el objeto de resolver el problema mencionado, a saber, estudiar las causas de la delincuencia o de la no delincuencia de muchachos pertenecientes al mismo ambiente social.

Sin embargo, otro rasgo de este proyecto no concordaba tan bien con los fines de los autores. Los delincuentes seleccionados para el estudio eran todos casos serios de reincidentes. Se eliminó a los que tenían defectos mentales. Los casos se tomaron de tres ciudades: Boston, New Haven y Detroit. Todos fueron escogidos de clínicas o reformatorios, anexos a los tribunales en aquellas ciudades. Así, todos los casos estudiados procedían de una población penal muy peculiar, cuyas características bien podrían haber sido bastante diferentes de las de la gran mayoría de los casos judiciales. Este punto se toca solo en forma vaga y poco explícita en el estudio. Los críticos no pasaron por alto esta falla.

Los resultados del estudio fueron asombrosos. Es lo menos que se puede decir de ellos.

> «Queda establecido que no menos del 91% de los delincuentes manifestaron claramente que eran o habían sido muy desgraciados dentro de las circunstancias de sus vidas o sumamente perturbados por emociones provocadas en algunas de sus situaciones o experiencias. Por el contrario, encontramos indicios similares de tensiones internas a lo más en solo el 13% de los examinados no criminales» (19, p. 122).

Considerando, como lo sostienen Healy y Bronner, que todos los muchachos podían encontrar asociaciones delincuentes, dicha diferencia en la vida emocional aparece como una hase para críticas serias a la teoría de la asociación diferencial.

Otros enfoques psicológicos empleados por el estudio de la delincuencia se asemejaban, en gran parte, al de Healy y Bronner en cuanto que derivaban de la psiquiatría psicoanalítica. Por lo tanto, no los trataremos aquí en detalle. Baste decir que la obra de August Aichorn, publicada en Estados Unidos en 1935, comenzaba entonces a ejercer influencia, aunque sus más importantes efectos no se hicieron sentir sino después de la guerra (1). En el campo de la psicología criminal la obra de Alexander y Staub sirvió de base a gran parte de los estudios psicológicos en la década de 1930-1940 (2).

Además, cuando tratemos el ensayo de inventarización de Reckess (1943) veremos que la influencia teórica de la psiquiatría se hizo sentir no tan solo por vía de sus ideas substanciales, sino también por el uso del enfoque diagnóstico y clasificador que patrocinaba.

Como ya hemos dicho la obra de Healy y Bronner pasó a ser la posición psicológica que contrapesaba el pensamiento y la labor de los sociólogos. Sin embargo su obra no constituía el único enfoque psicológico aplicado a la delincuencia. En verdad, dentro del pensamiento psicológico, en general, y de la psiquiatría psicoanalítica, en particular, la obra de Healy y Bronner representa una tendencia marcadamente «social». Aunque emplea términos y concepciones psicoanalíticos tales como ego-ideal y super-ego no encontramos en ninguna parte el término «id». Esta es quizás una clave importante para comprender la diferencia entre Healy y Bronner y otros puntos de vista psicoanalíticos más extremos con respecto a la delincuencia.

Healy y Bronner recalcan las tensiones internas que está sufriendo el delincuente en potencia, pero consideran tales estados como resultados de la frustración de ciertos deseos humanos básicos; frustración que encuentra sus raíces en el ambiente familiar del futuro delincuente durante su infancia. Los deseos frustrados se asemejan a los famosos «cuatro deseos» de W. I. Thomas —seguridad, reconocimiento, reacciones favorables (response), nuevas experiencias— que influyeron mucho en el pensamiento sociológico del mismo período. Healy y Bronner pueden, por consiguiente, ser considerados como representantes de una marcada orientación «social». La principal diferencia con autores como Sutherland radica en que consideran al ambiente social como causa de la delincuencia —no por proporcionar sistemas de valores que recompensan permitiendo la satisfacción de los deseos ordinarios— sino por sus efectos frustradores y represores sobre dichos deseos, produciendo así estados de motivación anormales o por lo menos poco corrientes, que solo encuentran satisfacción en actividades delincuentes. Estas investigaciones que demostraban la existencia de diferencias con respecto a las tensiones psíquicas entre los delincuentes y los no delincuentes, sugieren la pregunta de si dichas tensiones constituyen la causa o el efecto de la delincuencia.

En contraste con esta posición que pone énfasis en las condiciones sociales que dan origen a la motivación de la delincuencia, podemos referirnos a una concepción más extrema, según la cual las motivaciones del crimen y de la delincuencia son innatas, y la importancia principal del ambiente social radica en proporcionar un entrenamiento que impide la manifestación de semejantes impulsos o la orienta en direcciones socialmente aceptables. El epítome de esta concepción consiste en la afirmación de Alexander y Staub de que todos somos criminales natos (2, págs. 34-35). Por supuesto, dentro de este planteamiento, el ambiente social, por lo menos fuera de la propia familia, no tiene importancia sino en cuanto que proporciona controles a la personalidad sobre los impulsos criminales, y la importancia concedida a los sistemas de valores delincuentes aparece como secundaria.

El énfasis que la obra de Healy y Bronner pone en las frustraciones y privaciones concuerda con una amplia corriente dentro de la literatura psicológica, que considera la delincuencia como resultado de la frustración de diversas necesidades personales. Podríamos caracterizar buena parte del pensamiento psicológico de la década 1930-1940 y también posterior como perteneciente a una teoría de la «frustración diferencial". Esta posición es desarrollada en la forma más sistemática por Dollard y otros en su libro «*Frustration and Aggression*», publicado en 1939 (10). Este enfoque de la frustración, ha sido aplicado a la familia, a la escuela, a la comunidad —a cualquier institución social que pueda influir en la satisfacción de los jóvenes. Gran parte de la labor realizada en el tratamiento de los delincuentes, por lo menos de los casos menos graves, ha tenido por objeto remover las causas de la frustración.

Un tercer tipo de enfoque psicológico en el estudio de la delincuencia es el que llamaremos el enfoque de los inventarios de la personalidad, a falta de un término mejor. Inspirado por una gran variedad de teorías psicológicas, este enfoque emplea un cierto tipo de técnica —la medida de la personalidad con papel y lápiz— y supone que la delincuencia es, por lo menos en parte, causada por actitudes o rasgos de la personalidad que pueden ser determinados. Durante la década 1930-1940, la literatura psicológica estaba repleta de intentos de comparación entre delincuentes y no delincuentes a base de tales inventarios.

Kvaraceus revisó gran parte de los resultados de estas investigaciones (27, cap. 5). Los instrumentos empleados incluyen el «Woodworth Psychoneurotic Inventory», una adaptación del mismo instrumento para niños llamada el «Woodworth-Matthews Questionnaire», el «Woodworth-Cady Psychoneurotic Inventory», el «Washburne Social Adjustment Inventory», el «Pressey Interest Attitude Test», la «Vineland Social Maturity Scale», el «Porteus Maze Test», el «Hawthorne Cruelty-Compassion Test» y el «Test of Play Information». La «Check-List of Beliefs» permitió comprobar que los delincuentes eran más «supersticiosos» que los no delincuentes. El «*Sense of Humor Test*» demostró que los delincuentes tenían menos sentido del humor que los no delincuentes. El «Religious Knowledge and Attitude Test» indicó que los delincuentes tenían más conocimientos en materia religiosa que los no delincuentes, lo que no era de extrañar, puesto que los delincuentes provenían de un reformatorio en el que se le daba gran importancia a la enseñanza religiosa.

No es esta una enumeración completa de los inventarios, escalas y cuestionarios a que se ha sometido a los delincuentes. Además, la mera enumeración de instrumentos no indica cuantas veces cada uno ha sido aplicado.

En suma, estos estudios no han conducido a absolutamente nada. La aplicación indiscriminada de estos instrumentos y la falta de un marco de referencia teórico impidieron que la generalización de los datos diese resultados significativos. Las serias fallas en la planificación de la investigación condujeron, a menudo, a resultados que no reflejaban sino diferencias de clase o de nivel educativo entre delincuentes y no delincuentes.

A fines de la década 1930-1940 y a comienzos de la siguiente, las opiniones estaban claramente divididas entre los dos enfoques, el «sociológico» y el «psicológico», como hemos dado en llamarlos. Cada enfoque era bastante heterogéneo, pero acentuaba ciertos puntos que lo diferenciaban del otro.

III

Contrasta con estas tendencias de mayor importancia en el pensamiento norteamericano, el enfoque constitucional-biológico, mucho menos importante que los demás. En realidad, en los Estados Unidos apareció solo un patrocinante representativo de este enfoque; el profesor Hooton, quien publicó su obra «*Crime and the Man*», en 1939 (21). En esta obra Hooton, mediante la comparación de adultos criminales con adultos no criminales, pretende demostrar que los primeros poseen una gran variedad de estigmas y otras señales de inferioridad hereditaria. Su conclusión fundamental es la siguiente:

> «Así, me parece que los organismos constitucionalmente inferiores son, en su mayor parte, los que sucumben ante las adversidades o tentaciones de su ambiente social e incurren en conductas antisociales, y que es imposible mejorar o corregir el ambiente, hasta el punto de que estos seres humanos degenerados puedan ser capaces de tener éxito en la competencia social honrada» (21, p. 388).

No será necesario informar al lector que este planteamiento del problema es ajeno a la mayor parte de los teóricos norteamericanos. Cualesquiera que sean las diferencias entre los distintos enfoques desarrollados en los Estados Unidos, en un punto ha existido acuerdo: nunca se le ha asignado mayor importancia a la influencia de inferioridades hereditarias y de degeneraciones biológicas tal como la señala Hooton. En 1936, Elio Monachesi y Nathaniel Cantor, escribiendo sobre investigaciones criminológicas en Italia, y Alemania respectivamente, llegaron a destacar la mayor importancia que se da a los factores orgánicos y biológicos en estos dos países, en comparación con los Estados Unidos (33, 4). Nada ha sucedido entonces en los Estados Unidos para cambiar este estado de cosas. Veremos más adelante que en la obra de Sheldon y en la de los Glueck, se manifiesta un continuo interés por el análisis basado en el estudio de los tipos somáticos, punto de vista que nunca ha tenido importancia en el campo de la teoría.

Como podría esperarse, la obra de Hooton fue objeto de una crítica devastadora por parte de Sutherland (47). Le criticó la muestra, la conceptualización, las mediciones —en realidad todos los aspectos de la misma. Lo insostenible del estudio de Hooton sepultó, por algún tiempo, los estudios de esta índole.

IV

Esta era la situación al finalizar la década de 1930-1940. Las posiciones adoptadas por los psicólogos y los sociólogos eran bastante claras, y ninguno de los dos grupos prestaba mayor atención a las teorías derivadas de la biología. El conflicto teórico de mayor envergadura existía entre los exponentes de la teoría de los procesos de asociación y estructura social, por un lado, y los sostenedores de la importancia de las características psíquicas individuales, por otro.

En 1943, se publicó un volumen en que se vislumbra gran parte del desarrollo ulterior de la cuestión. Por su calidad de inventario y por su propósito de fijar los futuros caminos de la investigación, esta obra sirve para marcar el punto que separa la década 1930-1940 del desarrollo posterior a la guerra.

Se trata del libro intitulado «*The Etiology of Delinquent and Criminal Behavior*» de Walter Reckless (34).

Después de pasar revista a los teóricos norteamericanos y europeos de las décadas anteriores, Reckless presentó un plan para la futura investigación, que él creía debía ayudar a resolver algunos de los problemas críticos relativos a la conducta criminal. Lo esencial de su plan consiste en que la investigación en el campo de la delincuencia debe asentarse sobre una base más amplia que la que había tenido hasta entonces. En efecto, sugiere el estudio de la conformidad y de la no conformidad de la conducta, bajo una serie de condiciones, con el fin de crear una base teórica y empírica más amplia para la comprensión del crimen. Esta recomendación de un estudio más general de la conformidad de la conducta forma parte y es precursora de una de las corrientes más importantes en la psicología social, que comienza con el fin de la década 1930-1940 en los Estados Unidos.

En lo que se refiere a la planificación de la investigación, Reckless sugiere un análisis más profundo de los procesos temporales que llevan al joven a la delincuencia, no basado en casos de la población penal, sino de la población general de los jóvenes, valiéndose de las calificaciones de profesores y otras personas, para aislar aquellos casos que revelen tendencias no conformistas. De este modo se podría hacer un detenido estudio comparativo de variados grupos, abarcando un largo período (34, cap. V). Al recomendar este tipo de investigación y al indicar las clases de medidas que serían útiles, Reckless nos revela su propia posición frente a la disputa referente a la importancia que habría que dar a las características personales o a los patrones de asociación y de cultura. Reckless se manifiesta partidario de cierta combinación de ambos enfoques para obtener resultados provechosos.

Otras tres secciones de dicha obra merecen también nuestra atención. La primera, escrita por Sutherland, contiene una exposición de los problemas teóricos tal como los veía en aquel momento. También expone aquí lo que en su opinión deberían ser las investigaciones críticas necesarias en el campo del crimen y la delincuencia (51). La segunda sección de interés para nosotros es de Svend Riemer, y trata del posible uso de un análisis del «tipo ideal» en la criminología (40). La tercera sección está escrita por el psiquiatra Richard L. Jenkins, y su título es «Child-Parent Relationships and Delinquency and Crime» (23).

Todas estas secciones son importantes porque indican, en parte, el estado de ánimo en aquel momento y contienen algunos gérmenes de lo que vendrá después. La sección escrita por Sutherland se titula «The Relation Between Personal Traits and Associational Patterns" y está dividida en dos partes. La primera trata de los diversos tipos de teoría en boga en el análisis de la delincuencia y del crimen; la segunda, de las posibles investigaciones futuras destinadas a aclarar algunos puntos controvertidos. Una de las pruebas de la amplitud del espíritu de Sutherland, la constituye el hecho de que él mismo alentaba a otros para que llevaran a cabo investigaciones que pusiesen en duda sus propias teorías, llegando aun a veces a indicarles los medios para hacerlo.

Al describir los enfoques teóricos en boga, Sutherland los divide según tres criterios. Primero distingue los que se refieren a la «acumulación de datos relativos a las variables asociadas con la conducta criminal, sin prestar mayor atención a las relaciones entre estas variables. Esto es lo que se puede designar como la teoría de los factores múltiples la cual no presenta problemas cruciales. Este enfoque puede proporcionar datos nuevos pero no sirve para determinar la validez de una teoría'' (51, p. 131). El segundo tipo de enfoque analizado por Sutherland, lo describe como sigue:

> «... consiste en analizar las relaciones entre las múltiples variables vinculadas a la conducta criminal, y en abstraer de ellas elementos comunes, con el objeto de llegar a generalizaciones verificadas. En esta concepción una causa se encuentra en una relación de uno a uno con un efecto, y ninguna relación parcial se la considera como causa» (51, p. 131).

Este segundo tipo de «método'' es el único que Sutherland toma en serio. Ahondando un poco más se descubre que está en realidad criticando una de las más importantes corrientes en las ciencias sociales de los Estados Unidos, durante la década 1920-1930.

La reacción de los sociólogos americanos, en contra de la teorización sin contacto con la realidad estudiada, hizo que por casi dos décadas los científicos se entregaran a un empirismo exagerado y a la mera búsqueda de hechos. En cambio, una de las tendencias más importantes después de la última guerra, consiste en la atención prestada a la elaboración de teorías en diversos niveles. Sutherland puede ser considerado como defensor de la ciencia sistemática, en una época en que obedecer a la ley del menor esfuerzo consistía en construir una multitud de tablas.

A los «métodos» que por ser lógicamente satisfactorios merecen ser considerados como teorías, Sutherland aplica dos distinciones más. Desde luego, se excluye el enfoque de los «factores múltiples». Después de señalar que aquellas dos teorías tienden a adoptar uno de dos niveles generales de explicación, realizando el análisis en términos de características individuales, o en términos de patrones culturales, agrega: «El problema no consiste tanto en la mayor o menor importancia que se asigna a uno de estos factores en comparación con el otro, sino en la manera en que ambos están organizados o relacionados en la producción de la conducta criminal» (51, p. 132).

Desde la última guerra ocurrió un cambio radical en la aplicación de estos dos niveles de análisis. En vez de poner el énfasis exclusivamente, sea en el nivel social o cultural, sea en el nivel de las características individuales, se intentó relacionarlos sistemáticamente. Por esta razón, llamaremos a la postguerra, el período de las «convergencias».

Después de haber señalado que en aquel momento las teorías serias sobre la delincuencia y el crimen seleccionaban una o ambas clases de variables, Sutherland introduce un tercer criterio para distinguir entre dichas teorías. Se trata del criterio de la homogeneidad del proceso causal que da lugar a la conducta criminal. Así, algunos teóricos consideraban todo tipo de delito como consecuencia de una sola causa, en tanto que otros dividían los delitos y los delincuentes en tipos, atribuyendo causas distintas a cada uno. A los representantes de este último grupo, los podemos llamar «tipologistas». Sutherland indica que, de hecho, la mayoría de los *criminalistas* se inclinan por el enfoque tipológico.

Sutherland afirma, sin embargo, que estos tipos generalmente no están bien definidos ni bien especificados. Cita un artículo de Lindesmith y Dunham que ha tenido gran influencia, y que echa las bases para el análisis tipológico en la criminología (30). De varias fuentes, Lindesmith y Dunham derivan siete tipos de criminales, que van desde el «criminal social'', hasta el «criminal individual». El «criminal social» forma parte de un grupo y de una cultura criminales. El «criminal individual» no está integrado socialmente en la actividad criminal, a la cual se dedica por motivos personales y únicos. Lindesmith y Dunham han puesto de manifiesto, que parte de la controversia entre psicólogos y sociólogos hay que atribuirla al hecho de que unos y otros se ponen en contacto con criminales de tipo diferente —los psicólogos con tipos «individuales» y los sociólogos con tipos «sociales», aclaración que tiene gran importancia.

Teniendo en cuenta estas consideraciones, Sutherland vuelve a presentar el problema teórico, comprendiendo, bien el descubrimiento de causas universales que envuelven patrones de asociación o características individuales, bien una combinación conocida de ambos, o, en último término, la construcción de tipos de conducta criminal, con relación a los cuales las alternativas mencionadas serían investigadas (51, p. 134).

En una serie de proposiciones específicas con respecto a la investigación, al final de su estudio, Sutherland quiere mostrar algunos de los caminos que la investigación seguirá o debería seguir en el futuro. Entre otras cosas sugiere pasar revista a la investigación criminológica que usa inventarios de personalidad y escalas y recomienda que se vuelvan a analizar los resultados obtenidos por Healy y Bronner, o mejor dicho, a reinterpretarlos para determinar si las frustraciones en el hogar están relacionadas con la delincuencia solamente en cuanto inducen a la asociación de los jóvenes con grupos delincuentes. Recomienda además el estudio de las «ovejas negras», presumiendo que la investigación de muchachos y muchachas, criados en un ambiente familiar y en un vecindario favorables, podría conducir a la conclusión de que la asociación diferencial tiene poca o ninguna importancia para explicar semejantes casos. Los llamados delitos compulsivos, como la cleptomanía y la piromanía, proporcionan también un campo en el cual, según Sutherland, se puede investigar con provecho la relación existente entre patrones de asociación y rasgos personales. Desde entonces, en una forma u otra, discípulos de Sutherland u otros han hecho investigaciones en concordancia con estas sugestiones. Aunque el trabajo de Sutherland se refiere sobre todo a los criminales adultos, sus argumentos se aplican también a los delincuentes juveniles. Por lo demás, Sutherland rara vez distinguió entre criminales adultos y criminales menores.

Vamos ahora a tratar brevemente el estudio de Riemer y Jenkins, intitulado «*The 'Ideal Type' in Criminological Research*» (40).

Este artículo nos interesa solamente en cuanto refleja una tendencia de los años posteriores a 1940, la cual tuvo gran importancia después de la guerra. Al proponer el uso del «tipo ideal» de Max Weber, Riemer indica uno de los caminos que podría seguir el enfoque «tipológico».

En su estudio Richard Jenkins ofrece una tipología concreta de delincuentes, que, en una u otra forma, ha tenido gran influencia en la investigación, siendo el tema principal el papel que desempeñan la estructura y las relaciones familiares en la delincuencia. El autor describe tres tipos de delincuentes, indicando además los posibles tipos de familia correspondientes a cada uno. El tipo del delincuente agresivo se caracteriza por su hostilidad y amargura y por la falta de sentido de culpabilidad, lo que haría presumir un temprano y radical repudio por parte de los padres. Al tipo del miembro leal de la pandilla delincuente, se le supone haber tenido un ambiente familiar relativamente adecuado en sus primeros años; sin embargo, por falta de control por parte de los padres, se aleja casi totalmente del mundo de los valores convencionales de los adultos y acaba asociándose a una pandilla. El tercer tipo es el del «confidence man", individuo oportunista e intrigante, cuya experiencia familiar se caracterizaría por la discordia conyugal donde el niño ha adquirido la habilidad suficiente para manejar a sus padres y para enfrentar a uno en contra del otro (23, págs. 145-146). Jenkins también hizo varias sugerencias de cómo podían ser investigadas las hipotéticas causas familiares de los diferentes tipos de delincuentes.

Durante el mismo período, Ruth Topping publicó dos artículos sobre el problema de los tipos de delincuentes en el «American Journal of Orthopsychiatry». Sus «tipos» están relacionados más íntimamente con las categorías del diagnóstico psiquiátrico. En el primero de sus artículos, «Case Studies of Aggressive Delinquents», Ruth Topping describe un tipo en lo esencial semejante al «delincuente agresivo» de Jenkins y presenta algunos resultados de investigaciones que confirman la hipótesis de un temprano y radical repudio por parte de los padres. Señaló, además, que, a pesar de su contacto con pandillas de delincuentes y sus normas, tendían más bien a ser «lobos solitarios» (56).

El segundo artículo de Ruth Topping, titulado «Treatment of the Pseudo-Social Boy», fue publicado en 1943 (57). Trata del miembro «leal de una pandilla delincuente» de Jenkins, representando uno de los primeros casos en que, dentro de la literatura psiquiátrica de los Estados Unidos, se reconoce que este tipo de muchacho presenta características bien distintas de las que se habían obtenido en anteriores análisis psiquiátricos de la delincuencia. Ruth Topping recalca el hecho de que estos muchachos están fuertemente vinculados a la cultura delincuente, a sus valores y exigencias. En ellos no existe la angustia del neurótico, y requieren un tratamiento muy distinto.

Alrededor de 1943, se distinguen pues dos tendencias, conducentes a la creación de lo que pueden llamarse tipologías socio-psicológicas en el campo de la delincuencia. Entre la contribución de los sociólogos se cuentan la obra de Lindesmith y Dunham, las nuevas formulaciones de Sutherland y las sugerencias de Riemer con respecto al empleo de «tipos ideales». La psiquiatría y la psicología contribuyeron con su clasificación diagnóstica y, más específicamente, con el creciente reconocimiento de los elementos sociales en el desarrollo de la delincuencia.

2.

EL DESARROLLO DE LA TEORÍA Y DE LA INVESTIGACIÓN DURANTE LA POSTGUERRA

Presentaremos una breve reseña del desarrollo de la teoría y la investigación desde la última guerra, desarrollo que cabe dentro de las divisiones teóricas establecidas para la década 1930-1940. Más adelante, en la parte siguiente, trataremos los indicios de una convergencia entre las distintas escuelas, tendencia que hoy predomina en Estados Unidos; sin embargo, aún hay pruebas de que continúan existiendo las que caracterizaron la década 1930-1940.

Como lo hiciéramos anteriormente, trataremos los distintos enfoques, el sociológico, el psicológico y el biológico-constitucional, en forma separada. Comenzaremos por los enfoques sociológicos y por aquellos basados en los conceptos centrales de desorganización social, conflicto cultural y áreas de delincuencia. Luego analizaremos el desarrollo reciente con respecto al esquema teórico de la asociación diferencial.

I

Ya se ha dicho antes que el gran interés por los conceptos de desorganización social y conflicto cultural en cuanto a la conducta desviada se debió a la afluencia de grandes masas de inmigrantes a los Estados Unidos y, en especial, a las ciudades norteamericanas. Fue, sobre todo, en relación con el problema de la criminalidad de los grupos minoritarios que se aplican las teorías antes mencionadas. Una contribución de importancia en este campo se debe a Arthur L. Wood cuyo breve artículo, «Minority-Group Criminality and Cultural Integration», publicado en 1947, intentó reorganizar el instrumental conceptual contribuyendo, al mismo tiempo, con datos empíricos referentes al problema (58). El estudio se basaba en índices de criminalidad de varias minorías étnicas que vivían en comunidades rurales de Wisconsin. En cuanto al plano conceptual, Wood intentó aislar los efectos de tres variables importantes —la integración cultural del grupo, su condición económica y el grado de discriminación que sufría por parte de la mayoría.

Wood pudo comprobar que las últimas dos variables —la privación económica y la discriminación hostil— tenían efectos muy distintos según el grado de integración cultural y social del grupo minoritario. Así un grupo podía ser objeto de una severa discriminación, pero si poseía un alto grado de integración social y cultural, su índice de criminalidad era bajo. Este tipo de planteamiento que destaca el vigor social y cultural del grupo, está de acuerdo con muchos datos de investigación relativos a grupos minoritarios en los Estados Unidos. Los japoneses de la costa occidental fueron por mucho tiempo considerados como un grupo de bajo status económico y sujeto a una intensa discriminación; sin embargo, sus índices de criminalidad y delincuencia han sido siempre muy bajos. Esto valía aun en el caso de los japoneses de Seattle, Estado de Washington, que vivían en una de las zonas urbanas de más alta delincuencia (17).

El «area approach» también ha sido campo de mucha actividad desde la última guerra. Citaremos solo cuatro publicaciones reservando para la parte destinada a las convergencias la obra de Albert Cohen, una contribución teórica de importancia que relaciona muchas de las escuelas sociológicas tradicionales, así como una buena parte de las tendencias psicológicas en boga.

El «area approach'' de Shaw y McKay ha sido objeto de muchas críticas, desde la publicación de su última obra de importancia en 1942. En 1949, Christian T. Jonassen publicó un artículo titulado *«A Re-evaluation of the Logic and Some of the Methods of Shaw and McKay»* (25). A este artículo siguió una réplica de Shaw y McKay. Los ataques de Jonassen se dirigen sobre todo, contra los intentos de Shaw y McKay de demostrar que las características del área misma causaban la delincuencia, cualquiera que fuera la composición racial o étnica de la población residente en la zona. La crítica ataca, pues, el concepto del «área natural» y la opinión sostenida por Shaw y McKay de que las variaciones de incidencia criminal en las diferentes zonas se mantienen a pesar de todos los cambios ocurridos en la composición de la población. Semejante crítica se limitó, en gran parte, a los métodos de investigación que habían sido empleados en los estudios correspondientes. Jonassen señaló, entre otras cosas, los cambios habidos en el período de comparación con respecto a la edad para la cual se recogían los datos relativos a la delincuencia, y las fallas en la interpretación de los datos cuando estos indicaban que ciertos grupos minoritarios tenían índices más elevados de lo que se esperaba y sin relación con las zonas o áreas. El punto central de sus críticas era el problema tratado por Wood, a saber, los diferentes efectos que pueden ejercer sobre el grupo ciertas fuerzas exteriores, según el grado de integración social y cultural del grupo.

En su réplica Shaw y McKay rechazaron con éxito la mayoría de las críticas específicas de Jonassen. Sin embargo, muchos de los puntos del «area approach» quedan aún por fijarse. Como hemos dicho anteriormente, esto se debe, en parte, a la variedad de perspectivas teóricas empleadas por Shaw y McKay. A veces es difícil establecer cuál aspecto del enfoque general es el que se critica.

Solomon Kobrin en su artículo «The Conflict of Values in Delinquency Areas», publicado en 1951, intenta elaborar el «area approach» desde el punto de vista del conflicto de valores y según el enfoque que Sutherland llamó de la «organización social diferencial». Este artículo es notable por dos cosas (26). Primero, por la refutación de las muchas críticas hechas al «area approach», basadas en la suposición que solo una pequeña minoría de muchachos se vuelve delincuente aún en las áreas de más alta delincuencia. Kobrin afirma que un análisis más concienzudo de las estadísticas de la policía, y computando la incidencia, no mediante los índices de un solo año, sino estudiando un grupo de niños de diez años a lo largo del tiempo en que por sus actos queden sujetos a la jurisdicción de la Corte de Menores, indican que no es de una minoría sino de la mayoría de los muchachos que se tienen informes policiales en las zonas de alta delincuencia.

Kobrin procede a señalar que tal revisión de los índices conduce a una visión algo distinta de la posición de los sistemas de valores y grupos, tanto delincuentes como convencionales, dentro de la estructura social de la zona, así como a resultados diferentes en cuanto al efecto que pueden tener dichos grupos y sistemas de valores sobre los individuos delincuentes. En vez de concebir la estructura social de la zona de alta delincuencia, como caracterizada por la existencia de un grupo social dominante, portador de valores anticriminales, y de otro más pequeño y subordinado, portador de valores criminales; Kobrin sugiere que sería más fructífero considerarla compuesta por diversos tipos de zonas de acuerdo con el peso relativo que en ellas tengan ambos grupos y sistemas de valores y según sus diferentes grados de integración mutua.

En cuanto a los jóvenes, Kobrin afirma que es absurdo suponer la existencia de un gran número de delincuentes, vinculados a un sistema de valores criminales, frente a un gran número de no-delincuentes totalmente ajenos a toda participación en la cultura delincuente. Esta visión excluyente debería dar paso a otra en la que se consideraría el caso del muchacho representante de ambos sistemas de valores, con oportunidad de escoger dentro de una gran variedad de «carreras»; o el del que se vuelve delincuente desde muy temprano y continúa siéndolo, pasando por el que se vuelve delincuente tarde, hasta aquel que nunca comete actos delictuosos. Así se encontrarían, pues, muchachos, cuyas relaciones con los grupos delincuentes y sus normas representarían toda la escala de posibles grados.

Ninguno de los trabajos posteriores a la segunda guerra mundial, en que se comparan delincuentes con no-delincuentes en áreas de alta criminalidad, especifica de qué tipo se trata; si delincuentes, semi-delincuentes, etc.

El libro reciente sobre el «area approach» es el de Bernard Lander, «2» Towards and Understanding of Juvenile Delinquency», publicado en 1954. Continúa los estudios de Shaw y McKay, especialmente el de 1942 (28). Su contribución es en parte, metodológica y, en parte, teórica. Las conclusiones teóricas derivan de las enmiendas metodológicas hechas a la obra de Shaw y McKay.

Lander empleó un tipo de análisis similar al de Shaw y McKay. Estudió la variación local de los índices de delincuencia en relación a los índices ecológicos, como el uso prevaleciente del terreno, la distancia del centro de la ciudad, etc.; a características demográficas, como la existencia de una población de negros y de inmigrantes; a índices de status económico, como el nivel educativo, las condiciones de la vivienda y el ser o no ser propietario de la casa que se ocupa. Lander difiere, en cuanto al método empleado por Shaw y McKay, por el uso que hace de procedimientos estadísticos más refinados para el análisis correlacional sometiendo a un nuevo examen algunas de las proposiciones ecológicas del «area approach».

Los nuevos procedimientos estadísticos consistían en la aplicación de la correlación parcial, de la correlación curvilínea y del análisis factorial. La aplicación de correlaciones parciales dio por resultado que factores específicos, por largo tiempo considerados como asociados a los índices de delincuencia, no manifestaban semejante relación cuando otros factores permanecían constantes, por ejemplo: las condiciones de la vivienda. El análisis factorial, aplicado a las características de zonas determinadas por el censo, revelaba la existencia de dos grupos de características relacionadas entre sí, pero incluyendo solo uno el índice de delincuencia del área. A uno de estos dos factores Lander lo llama del status socio-económico, factor que incluye índices tales como el nivel educativo y las condiciones de la vivienda. Al otro, Lander lo llama el factor «anomia» que contiene índices tales como el porcentaje de negros, el porcentaje de propietarios de casa, así como también la tasa de delincuencia. Lander considera que sus datos comprueban que la relación entre status económico bajo y delincuencia depende de que el status económico vaya acompañado por condiciones demográficas que indican la presencia de desorganización social y «anomia». Esta interpretación, junto con el descubrimiento de que muchas de las conclusiones ecológicas de Shaw y McKay no concordaban con los datos de Baltimore, coincide en muchos aspectos con las conclusiones del artículo de Wood. Wood hace hincapié en el hecho de que, en su investigación de grupos minoritarios, el nivel económico parece estar relacionado con los índices de la criminalidad y delincuencia de una manera que difiere considerablemente según el grado de integración social del grupo estudiado.

Las implicaciones negativas contenidas en el estudio de Lander respecto a la obra de Shaw y McKay, en gran parte se refieren a lo que hemos llamado el nivel ecológico de análisis. Lander no cree que la delincuencia se concentre en zonas de transición adyacentes a los distritos industriales y comerciales, ni confirma la gradación decreciente de los índices de delincuencia al alejarse del centro de la ciudad, en la forma precisa de Shaw y McKay. Sin embargo, en el estudio de las zonas de delincuencia desde el punto de vista de la estructura social, las conclusiones de Lander y de Shaw y McKay concuerdan substancialmente.

El estudio de Lander ha sido objeto de un análisis bastante extenso por otros interesados en este campo. El punto más importante parece ser la separación de la variable «status económico" de la variable «control y organización social». Antes de seguir utilizando los resultados de Lander, será necesario verificarlos en otras ciudades y resolver ciertos interrogantes surgidos de su análisis. De gran importancia entre estos es el que inevitablemente surge al aplicar el análisis factorial a este tipo de investigación. Se trata de si los índices empleados por Lander lógicamente agotan todos los posibles índices y de si el empleo de mayor variedad de índices rendiría los mismos resultados.

Con referencia al estudio de Lander hay un aspecto lógico que debe ser destacado y que tiene importancia para el método de correlación por área. Las conclusiones de Lander, con respecto a la influencia del factor «anomia» o desintegración social se derivan deduciendo la presencia de «anomia» o desorganización social, de las características demográficas de las poblaciones que viven en las zonas determinadas por el censo. Así, se considera la heterogeneidad de la población como indicando la presencia de «anomia». Lo mismo vale para el hecho de ser inquilino y no propietario de la vivienda que se ocupa. Tales elementos son interpretados como indicios de la falta de una comunidad local, vigorosa y estable. Sin embargo, la «anomia» es una condición perteneciente a un nivel analítico diferente, del de las características de la población y debería ser estudiada en su propio plano.

Un defecto de la mayoría de los estudios que relacionan las características de la población de una determinada zona con la incidencia de la delincuencia, ha resultado del hecho de que el brusco paso de tales características al nivel de la organización social y cultural, no se basa sino en una inferencia. Se conseguiría mucho si alguien inventara métodos de investigación para enfocar directamente la estructura social de las zonas delincuentes. Más estudios del tipo «observación participante» tales como el de Whyte, contribuirían quizás a la solución de este problema (60).

En algunos aspectos, el estudio de Lander representa una vuelta del concepto de Shaw y McKay de la «organización social diferencial» al anterior concepto de la «desorganización social».

Con respecto a la labor realizada en el campo de la teoría de la asociación diferencial, después de la guerra, hay que reconocer que han aparecido relativamente pocos trabajos nuevos concernientes a la delincuencia juvenil. Solo se han realizado algunas de las sugerencias hechas por Sutherland en 1943, para estimular la investigación, especialmente en la esfera de la criminalidad de los adultos. Los discípulos de Sutherland se han concentrado en trabajos teóricos, más bien que en investigaciones empíricas, para comprobar o extender directamente las proposiciones relativas a la asociación diferencial. Algunos de sus trabajos pueden ser considerados como representativos de la tendencia hacia la convergencia del pensamiento teórico de los psicólogos y sociólogos.

Una de las sugerencias hechas por Sutherland, en 1943, se refirió a la investigación de los llamados crímenes compulsivos, desde el punto de vista de la teoría de la asociación diferencial. Un artículo sobre este tema fue publicado en 1954 por Donald R. Cressey (8). En este artículo Cressey intenta establecer un punto de vista con respecto a la motivación de los delitos compulsivos, que le permite analizarlos bajo el enfoque de la asociación diferencial. Afirma que la teoría sobre la motivación, derivada del psicoanálisis, no es adecuada para el estudio de estos delitos, y que sería más apropiada una teoría sociológica que pusiera énfasis en la teoría del papel social y en la identificación con cl mismo. Si se llegara a considerar estos delitos como el resultado de la interiorización de un papel social y de la identificación con él, podrían ser incluidos dentro del proceso social de la asociación diferencial.

En otro artículo, Cressey somete la teoría de la asociación diferencial a una prueba empírica para explicar el delito de «desfalco» (*embezzlement*) (7). Este artículo se basa en su libro «*Other People's Money*» publicado en 1953 (9). Cressey sostiene que es imposible demostrar que los contactos sociales favorables a la violación de la confianza financiera, primen sobre aquellos desfavorables a dicha violación. Según este autor, uno de los elementos esenciales implicados en la violación de la confianza, consiste en que el actor desarrolla una evaluación especial de su conducta o una «racionalización» que le permite definir el acto delictuoso como algo que no es criminal. Cressey señala que es imposible demostrar si el violador ha tenido un exceso de contactos favorables a semejante «racionalización».

Como conclusión, sugiere la revisión de la teoría de la asociación diferencial en uno de dos sentidos. O se excluyen de la teoría las partes relativas a la proporción entre los contactos favorables en relación con los desfavorables, o se toma una dirección completamente diferente dando importancia a lo que Cressey llama las implicaciones motivadoras de las «verbalizaciones» (verbalizations) de los criminales (7, p. 52).

El desarrollo más importante de la teoría de la asociación diferencial se debe a un artículo publicado en 1956 por Daniel Glaser (13). Después de pasar revista a varios tipos de teorías criminológicas y especialmente a las críticas de Sutherland, Glaser admite la necesidad de una revisión del enfoque de la asociación diferencial. Como una teoría más adecuada de la criminalidad, propone una teoría de la «identificación diferencial». La esencia de este enfoque la da la siguiente cita de Glaser:

> «...una persona se empeña en conductas criminales en la medida en que se identifica con personas reales o imaginarias desde cuya perspectiva su conducta criminal parece aceptable» (12, p. 440).

Para Glaser, esta teoría de la identificación diferencial tiene varias ventajas. Primero, evita muchas de las objeciones que se han hecho a los planteamientos de Sutherland. Entre estas objeciones, se encuentra la que critica la interpretación del término «asociación» de Sutherland, como sinónimo de contacto de persona a persona; un «error» (en la opinión de Glaser), pero un error que, por lo menos, según dicho autor, es fácil cometer. Glaser también cree que su modificación de la teoría de Sutherland evita la objeción de que la asociación diferencial explica solo un tipo de criminal —el «criminal social».

La segunda ventaja que, según Glaser, tiene su formulación, consiste en que tanto la teoría como la investigación, aunque partan de los puntos de vista más diversos, se están orientando hacia el enfoque de la «identificación diferencial». Cita pruebas favorables a su posición, provenientes de distintas fuentes, entre otras, trabajos psicoanalíticos de Gichorn y de Redl y Vineman. También cita trabajos psicológicos que hacen cada vez más referencias a las fuentes sociales de la delincuencia.

Estamos de acuerdo en que se está produciendo cierta convergencia hacia algo parecido al enfoque de la identificación diferencial. Sin embargo, las tendencias son más complejas de lo que Glaser las describe en su artículo. Describiremos con mayor detalle estas tendencias convergentes en la última parte de nuestro estudio. Por ahora, señalamos que la modificación de las conclusiones de Sutherland, y el planteamiento del enfoque de la «identificación diferencial», introducido por Glase, no dejan de presentar puntos débiles y problemas.

El planteamiento de Sutherland contenía indicaciones específicas sobre las fuentes de una evaluación positiva de la conducta criminal. Si bien su idea esencial parece ser que la criminalidad se aprende y que, por lo tanto, representa un producto social, también contiene proposiciones precisas en cuanto a las condiciones en que tal aprendizaje se realiza. La modificación sobre la base de «la identificación diferencial" abre una caja de Pandora con respecto a estas materias. El lector recordará la cita de Glaser según la cual el criminal se identifica con «personas reales o imaginarias". Se podría pensar que los conflictos intrapersonales de Healy y Bronner podrían conducir a la elaboración de una figura de identificación completamente ficticia, como manera de justificar las soluciones delincuentes de estos conflictos. La primacía relativa de los conflictos psicológicos sobre la experiencia del aprendizaje social, aparecería clara en tal caso.

Sin embargo, hay que señalar que la insistencia de Sutherland en que una teoría sobre la conducta criminal debe expresarse en los términos más generales posibles, ha dado resultados positivos en este artículo de Glaser. Glaser, en efecto, hace una crítica brillante de las teorías criminológicas, por lo inadecuadas que son en este respecto.

II

Hemos descrito algunas de las tendencias en el pensamiento sociológico sobre la delincuencia y el crimen desde la última guerra, y terminamos con uno de los más importantes puntos de demarcación que señalan la convergencia de posiciones teóricas anteriormente divergentes. Nos referimos al desarrollo de las tendencias psicológicas, considerando las investigaciones surgidas de la obra de Healy y Bronner y los trabajos derivados de posiciones más rigurosamente psicoanalíticas.

Como ya dijimos en la parte de este estudio que abarca la década 1930-1940, el mayor contrapeso a los trabajos de Shaw y Mac Kay y a los de Sutherland, lo constituía la obra de Healy y Bronner. A continuación de la publicación de Healy y Bronner «New Light on Delinquency and its Treatment», aparecieron una serie de investigaciones, destinadas a comprobar y a divulgar sus conclusiones. Estas investigaciones fueron resumidas en la forma más completa por Guy E. Swanson (54).

Swanson cita unos treinta y cinco estudios de un número mucho mayor de trabajos, que se considera sostienen la posición de Healy y Bronner. Sin embargo, después de señalar estos estudios. Swanson dice lo siguiente:

> «Esta colección de estudios no es exhaustiva. Sin embargo, es característica del tipo de investigación considerado, generalmente, dentro de la hipótesis de Healy y Bronner. Gran parte de la labor realizada resulta insuficiente e inadecuada. La mayoría de los investigadores no se preocuparon de emplear grupos de

control. La terminología utilizada es a menudo tan vaga que desafía la posibilidad de verificación o comprobación».

«Parece que los delincuentes reconocidos como tales han sufrido experiencias dolorosas especialmente en el hogar, con más frecuencia que otros niños. El problema subsiste, en lo que se refiere a si la mayoría de estas experiencias ocurrieron antes o después del comienzo de la carrera delincuente del niño» (54, p. 51).

Hasta aquí hemos tratado los enfoques «sociológicos» y «psicológicos» de la delincuencia como equivalentes en cuanto a su influencia e importancia. Si bien esto puede ser así en el plano de la teoría, no lo es en el de la práctica, ya que estos enfoques han ejercido una influencia distinta, tanto sobre las personas que por su profesión se enfrentan con la delincuencia, como sobre aquellos organismos públicos que deben considerar el problema.

En este respecto, podemos caracterizar los últimos quince años en los Estados Unidos como la era del psiquiatra. El que quiere enunciar una teoría sobre la delincuencia que tenga amplia acogida en los Estados Unidos, deberá, por consiguiente, decir más o menos lo siguiente: «El ambiente familiar durante los primeros años de vida del niño está lleno de frustraciones y privaciones, y las relaciones de los padres con el niño se caracterizan por la falta de calor y afecto. La hostilidad, amargura y desdicha resultantes, son la causa de que el niño se convierta en delincuente». Aún podríamos ir más lejos afirmando que la opinión corriente y aún la de muchos profesionales sobre la causa de la delincuencia se puede reducir a una frase: falta de amor de los padres. Esta es considerada la causa de todo.

Recordamos al lector que el resumen hecho por Sutherland, en 1943, del análisis de la delincuencia, daba tres soluciones al dilema presentado por los patrones asociacionales y por los estados psicológicos. Contenía también la afirmación de que el verdadero problema consistía en descubrir cómo las características personales y los patrones asociacionales estaban relacionados entre sí al producir la delincuencia.

En ningún otro respecto aparece tan clara esta disputa entre sociólogos y psicólogos acerca de las causas de la delincuencia, como en el tratamiento de la familia. Los sociólogos consideran la familia como una de las «asociaciones», es decir, como una de las entidades que transmiten los patrones morales y que ejercen el control social. El psicólogo considera la familia como fuente de satisfacciones y frustraciones emocionales, y como determinante en el desarrollo de la personalidad. Gran parte de la polémica gira en torno a este punto. Los psicólogos dan una importancia casi exclusiva a la familia, de acuerdo con sus suposiciones acerca del desarrollo temprano y de la relativa constancia de las características de la personalidad. Los sociólogos tendían a darle menos importancia a la familia, de acuerdo con su opinión de que se trata solamente de uno de los agentes del control social, y solo de uno de los medios de la formación moral. Los sociólogos se han preocupado también muy en especial de la relación entre el orden social general dentro del cual se encuentra la familia, y la capacidad de esta para socializar a los niños. Los psicólogos, en cambio, tienden, en general, a aislar la familia de las estructuras sociales más amplias.

Ya hemos dicho que el planteamiento de Healy y Bronner difiere en un importante aspecto de los planteamientos de autores más decididamente psicoanalíticos. La diferencia estriba en la fuente de la motivación relacionada con la delincuencia. Healy y Bronner consideran esta motivación como consecuencia de la represión de las imperiosas necesidades de afecto, reconocimiento, etc., del niño durante los primeros años en el ambiente familiar.

En la versión psicoanalítica más estrictamente ortodoxa, tal represión se considera de menor importancia teórica. Fundamentalmente, este enfoque supone que sin formación social, el niño se volvería necesariamente delincuente. Esto se ve claramente en las afirmaciones de August Aichorn, quien ha tenido gran influencia en el pensamiento psicológico sobre la delincuencia en los Estados Unidos.

(I):

«Todo niño es, en principio, un ser social, en cuanto exige la satisfacción directa de sus instintos primarios, sin tener en cuenta el mundo que le rodea. Semejante conducta es considerada como asocial o antisocial en el adulto. La tarea de la educación consiste en conducir al niño de este estado asocial a un estado social...» (1, p. 4).

Así, la psicología psicoanalítica se ha concentrado, en la historia emocional de la exigencia de «satisfacer los instintos primarios», o en los procesos incorporados en el niño por la influencia socializadora de la familia, que encauzan o controlan aquella exigencia.

Por supuesto que la teoría psicoanalítica había ejercido gran influencia en la criminología norteamericana, ya mucho antes de la última guerra. Sin embargo, su mayor auge, como teoría o enfoque sistemático en el estudio de la delincuencia, corresponde al período posterior a la guerra. Esto se debe, en parte, a que los psicoanalistas solo desplazaban gradualmente su interés por las neurosis clásicas a los problemas de la delincuencia y del crimen. Al hacer esto tropezaban con el problema de que, al contrario del neurótico clásico, el delincuente tiende a presentar más bien síntomas de debilidad, con respecto a los controles morales de la conducta, en lugar de controles ultrarrepresivos. Por consiguiente, se ha puesto mayor énfasis en los procesos que concurren al desarrollo del super-ego y menos en los conflictos neuróticos eventualmente implicados.

Como ya hemos dicho, la obra de Aichorn ha tenido una gran influencia en el pensamiento psicoanalítico de los Estados Unidos. Una breve mirada al libro de Aichorn nos indicará la dirección en que la terapéutica y el pensamiento iban a orientarse. El énfasis que pone Aichorn en la transferencia, como condición «sine qua non" del tratamiento, convierte al psiquiatra en la figura de identificación que sirve para desarrollar y robustecer el super-ego (I, Cap. 6).

En 1949, apareció una colección de contribuciones psicoanalíticas al estudio de la delincuencia, titulada «Searchlights on Delinquency» (11), y publicada con ocasión del septuagésimo cumpleaños de Aichorn, en la que colaboraron unos 34 autores. Se trata de una excelente fuente de información en cuanto a este enfoque general. Desgraciadamente, la diversidad del material y de los puntos de vista, no nos permite un análisis profundo. Señalaremos, sin embargo, algunos puntos interesantes.

Trataremos, en primer lugar, el punto de vista, bastante extremo, sostenido por los psicoanalistas que consideran la delincuencia como una enfermedad. Según ellos, la delincuencia no proviene necesariamente de un desorden psíquico conocido, sino que constituye *en sí misma una enfermedad mental.* Esta opinión es sostenida con vigor por K. R. Eissler, el editor del libro (12), y aparece junto a otras que a los teóricos de la sociología les sería imposible aceptar. En realidad, tales opiniones casi impiden que los sociólogos tomen en serio semejante psicología.

Entre las posiciones adoptadas por Eissler, hay una que afirma que la «delincuencia» debe definirse, no con respecto a las leyes o normas infringidas, sino a los elementos psíquicos concurrentes a la violación y al lugar que dicha violación ocupa en la personalidad.

> «El que una determinada conducta constituya delito o no, depende por completo de la motivación que haya detrás de la misma. Ninguna característica externa puede servir para calificarla como tal. No se puede intentar una clasificación de patrones conductuales sin examinar la motivación».
>
> «... La validez de esta regla puede demostrarse mediante el siguiente razonamiento. No cabe duda de que un hombre que entra en un templo y echa fuera a las personas que con permiso de las autoridades eclesiásticas se encuentran en él, será considerado culpable de perturbar el orden público y, con mayor razón, si se prueba que está en su sano juicio. Sin embargo, cualquier persona que haya leído los Evangelios, estará de acuerdo en que en una ocasión esto sucedió, sin que constituyera delito» (12, p. 5).

Semejantes posiciones están en el extremo opuesto a cualquier análisis sociológico. No se afirma que muchos delincuentes estén enfermos sino que la delincuencia misma es una enfermedad. Uno se imagina lo que Sutherland habría dicho de todo esto. Puede decirse que la cita anterior abre interesantes posibilidades en el caso de delitos como la traición. La traición constituiría un delito solo cuando el país traicionado ganara la guerra.

Otra cita de Eissler servirá para mostrar la magnitud del abismo que sepa ra esta manera de pensar de las concepciones sociológicas.

> «La mayoría de los delincuentes están movidos por un fuerte interés en la búsqueda de satisfacciones heterosexuales u homosexuales. Están dispuestos a hacer grandes sacrificios por aquellos objetos por los que se sienten atraídos. Pareciera, a veces, que el delincuente es capaz de sentir un afecto verdadero hacia otro ser y que por momentos deja de estar dominado por su agresión y hostilidad egoísta. Una observación más atenta, sin embargo, revela invariablemente que se trata de una perversión o, en el caso que no haya una manifiesta anormalidad en la realización del acto sexual, que la actitud emocional que acompaña al acto es de una total indiferencia por la felicidad del objeto de ese «amor». Esto se manifiesta en el caso de las relaciones del delincuente con mujeres. El objeto de su deseo se convierte en un mero receptáculo. A la mujer se la degrada a la categoría de instrumento fisiológico, y no se la aprecia nunca en su totalidad de ser humano, poseedor de una personalidad propia» (12, p. 12).

Eissler hace estas afirmaciones para demostrar que los delincuentes no pueden establecer contactos afectivos con nadie. Son aseveraciones de este tipo, sin base, las que han desprestigiado ciertas corrientes psicoanalíticas entre los sociólogos norteamericanos. Al considerar esta cita de Eissler, y también la otra que se refiere al hombre que arroja a la gente del templo, uno se pregunta si el sustituir el Código Penal por las opiniones de Eissler, nos haría adelantar algo en la comprensión de la conducta desviada.

Otra cita puede servirnos para ilustrar mejor las tendencias en el pensamiento psicoanalítico que están más alejadas de las teorías sociológicas, en cuanto a la delincuencia y el crimen. Se encuentra en el artículo de Edith Jacobson, contenido en la misma colección (22).

> «El efecto psicológico del encarcelamiento o del trabajo forzado sobre las personalidades criminales es bastante diferente y causa un daño mucho más grave. No estamos tratando con gente sana, sino con individuos psicológicamente deformados cuya formación del yo y del super-ego es insuficiente, inhibida, arcai-

ca y rudimentaria; con individuos que sufren de fijaciones pregenitales y satisfacen sus necesidades instintivas por medio de satisfacciones perversas y actos anti-sociales, o sea por medio de síntomas y actitudes neuróticas» (22, p. 336).

Ninguna concepción de lo que es el criminal o el delincuente, podría estar más distante de las opiniones de Sutherland y de Shaw y McKay.

Una fascinante consecuencia de este tipo de pensamiento lo señala en el mismo volumen Gregory Zilboorg (62).

> «Para entender fenómenos sociológicos como el antisemitismo, los prejuicios raciales, el fascismo o la psicología política en general, hemos comenzado por afirmar que las manifestaciones clínicas individuales del antisemitismo y del fascismo son la psicología de estos fenómenos. Suponemos que ciertas personas son antisemitas o fascistas por estar marcadas por ciertos rasgos psicopatológicos. Así, hemos llegado a considerar, a la luz de dichas características individuales, el antisemitismo y el comunismo como fenómenos sociales y a creer que es posible determinar qué tipo de personalidad es más propenso a caer en el fascismo o el comunismo y formular una psicopatología de ellos, y quizás una psicoterapia y una profilaxis» (62, págs. 332-333).

En otras palabras, los desviados son enfermos que violan los valores de ciertos psicoanalistas. Este es uno de los puntos del conflicto entre este tipo de psiquiatría y los sociólogos.

Hemos dicho, sin embargo, que, en vez de poner énfasis en la naturaleza patológica de la delincuencia y de concentrarse en el análisis de los motivos e impulsos, todos los psicoanalistas en una ocasión u otra hacen hincapié en los controles intrapsíquicos sobre dichos impulsos y motivos —en el super-ego, y/o en el ego-ideal. En esa misma colección se encuentra un artículo de Adelaide Johnson, titulado «Sanctions for Superego Lacunae of Adolescents» (24). Para nuestros fines, lo importante de este trabajo consiste en lo relativo al super-ego en la delincuencia y en el papel corruptor que pueden ejercer los valores desviados de los padres, al identificarse el hijo con ellos. He aquí un estudio psicoanalítico de los procesos por los cuales los padres transmiten a los hijos valores favorables a la delincuencia. Estos valores no forman parte del conjunto de los valores «oficialmente reconocidos» por los padres pudiendo ser rechazados o reprimidos por ellos. Sin embargo, por una velada aprobación al manifestar el niño estos valores, los padres se los transmiten. No resultaría muy forzado afirmar que este es un ejemplo de «asociación diferencial", enmarcado dentro del pensamiento sociológico tradicional. Lo importante en todo esto es que el papel de los padres en la causación de la delincuencia, no consiste simplemente en crear conflictos emocionales, que se resuelvan en actividades criminales, o en reprimir necesidades imperiosas o en descuidar el control sobre las actividades del niño, sino que puede consistir también en una recompensa positiva de la delincuencia dentro de una relación social.

Con esto no hemos agotado el estudio de los enfoques psicoanalíticos de la delincuencia. Algo más diremos sobre la influencia ejercida por los psicoanalistas, al tratar la convergencia entre el pensamiento sociológico y el psicológico.

En la sección precedente, dijimos que una de las más importantes actividades de los psicólogos en el campo de la delincuencia en la década posterior a 1930, fue el uso de distintos tipos de inventarios de la personalidad y la aplicación de escalas, en un esfuerzo por descubrir tipos de personalidad que estén relacionados con la delincuencia.

También dijimos que Sutherland, en su trabajo de 1943, patrocinaba someter estos estudios a un análisis, con el fin de averiguar si habían dado resultados significativos. En 1950, Karl Schuessler y Donald R. Cressey publicaron tal análisis. Después de estudiar ciento trece trabajos que utilizaban unos treinta inventarios, los autores llegaron a la conclusión de que la falta de resultados uniformes y consistentes «hace imposible determinar, por medio de estos datos, que haya alguna relación entre la criminalidad y los elementos de la personalidad" (42, p. 476). En los últimos años ha disminuido considerablemente el entusiasmo por este tipo de investigación.

III

A continuación trataremos brevemente los enfoques biológicos y constitucionales con respecto a la delincuencia. Uno solo sobresale. (En los Estados Unidos los constitucionalistas tienden a mantenerse en una grandeza solitaria).

En 1949, William H. Sheldon, publicó «*Varieties of Delinquent Youth: An Introduction to Constitutional Psychiatry*», que es la única obra sistemática aparecida en los Estados Unidos en la que se defiende seriamente el enfoque llamado de los «tipos somáticos» (46).

El libro es bastante complejo, basándose en los ya familiares tipos somáticos endomorfo, ectomorfo, y mesomorfo. Relacionados a estos tres tipos constitucionales, hay tres tipos de temperamento: viscerotónico, somatónico y cerebrotónico. Además, presenta tres tipos psiquiátricos: el maníaco, el paranoide y el heboide.

Estas tres clases de tipos están relacionadas entre sí y a un índice de desilusión («disappointingness»), ideado por Sheldon para medir lo que se presume que es la delincuencia. El veredicto, al menos el de los sociólogos, respecto a la obra de Sheldon, lo dio Sutherland en la más devastadora reseña de un trabajo importante de investigación que se conoce en toda la historia de la criminología norteamericana. Hasta ahora, no ha aparecido ninguna réplica efectiva a las críticas de Sutherland, como consecuencia de lo cual el libro de Sheldon ya casi se ha olvidado. Desde entonces, una sola vez se ha hecho uso de las proposiciones de Sheldon —en la obra de los Glueck.

Puede ser de algún interés para el lector, fuera de los Estados Unidos, conocer la reacción de los norteamericanos frente a dicho enfoque y saber por qué la opinión general le es tan adversa. Por esta razón, enumeraremos, a continuación, algunas de las críticas hechas por Sutherland. No olvidemos que Sutherland era, quizás, el más respetado criminólogo del país. Cada una de sus críticas se basa en un análisis exhaustivo de la obra de Sheldon.

«(1) La definición que hace Sheldon de la delincuencia coloca a su estudio fuera del plano de la investigación empírica, y lo sitúa firmemente en el área de las homilías...

(2) La manera de coleccionar los casos para en estudio le impide llegar a conclusiones de validez general respecto a la delincuencia...

(3) La evaluación que Sheldon aplica a la delincuencia es subjetiva e incierta.

(4) La tipología de jóvenes delincuentes establecida a base de esta evaluación, no tiene ningún sentido.

(5) Los distintos tipos de jóvenes delincuentes no difieren de manera significativa en cuanto a sus índices psiquiátricos o somáticos...

(6) Los índices medios somáticos y psiquiátricos de doscientos muchachos, no tienen un significado evaluativo que pueda ser determinado, pero Sheldon pretende que demuestran la inadaptabilidad social de estos muchachos...

(7) La conclusión más general de Sheldon, la que él defiende histéricamente, es la que afirma la necesidad de una *selección biológica.* Esta conclusión no tiene ninguna relación con sus datos.

(8) Las variaciones entre los delitos civiles de los doscientos muchachos no están relacionados significativamente con las variaciones en sus índices somáticos y psiquiátricos...

(9) La futileza de este estudio en el campo de la psicología constitucional debería haber sido evidente, desde un principio, por los fracasos anteriores de semejantes estudios» (53, págs. 10-16).

Debemos mencionar otro estudio sobre tipos somáticos relacionados con la delincuencia. Ya hemos dicho que las opiniones de Sheldon repercutieron solo en la obra de los Glueck, quienes en su compendio de estadísticas comparadas, «Unravelling Juvenile Delinquency», incluyen datos relativos a los tres tipos somáticos utilizados por Sheldon. En el capítulo XV de esta obra se enuncian brevemente los rasgos somáticos que diferencian al delincuente del no delincuente. El delincuente tiende a ser mesomorfo, esto es, de una contextura más definidamente masculina, atlética y musculosa (16, págs. 192-196).

Elaborando estos resultados los Glueck publicaron un volumen separado, titulado «Physique and Delinquency» (1956). Este libro constituye un análisis mucho más sistemático y refinado de los datos simplemente presentados en el volumen anterior. El cuidado y la circunspección que demuestran los autores en su último estudio, podría bien llevar a los sociólogos y psicólogos norteamericanos a una reconsideración de los factores relacionados con el físico. Lo que le falta a esta obra es una cuidadosa formulación teórica de la opinión de los autores acerca del papel que tiene el tipo somático en la delincuencia. En el estudio se postula y comprueba una desarticulada serie de relaciones entre el soma y las características de la personalidad. Dichas relaciones son consideradas como posiblemente hereditarias. Las características de la personalidad son interpretadas como elementos intermediarios que conducen a la delincuencia (15, p. 7).

Dos citas pueden ilustrar el hecho de que los Glueck no dan una interpretación muy dogmática a sus resultados.

> «Mientras es generalmente sabido, por ejemplo, que los individuos de tipo mesomorfo son de contextura atlética, recios y musculosos, el significado específico que tales características físicas tienen para la delincuencia, se manifiesta solo a través de los rasgos intermediarios de temperamento, personalidad y carácter que distinguen al mesomorfo de los otros somáticos» (15, p. 7).

> «Al resumir los resultados obtenidos de la investigación de los tipos somáticos hemos considerado como la norma de cada físico, aquellos rasgos de los no-delincuentes que diferencian de manera significativa un tipo somático de otro; y hemos sugerido que determinados rasgos que muestran una afinidad excesiva con un físico particular, pueden contribuir a la delincuencia si aparecen combinados con otros rasgos «criminogénicos» y condiciones socio-culturales» (15, p. 270).

Este tipo de interpretación está bien distante de lo que ha sostenido Sheldon. Debe señalarse también que en ninguna parte los Glueck afirman que la degeneración hereditaria sea el principal factor físico en la delincuencia, como lo hace Hooton. En realidad, lo que los Glueck afirman en «Unravelling Juvenile Delinquency», es que los criminales son biológicamente superiores, si por esta superioridad se entiende una mayor fuerza, mejor salud y un físico más recio y atlético.

Que los Glueck consideran que su último libro contribuye a poner nuevo énfasis a la «naturaleza original» de los delincuentes, se desprende de la siguiente cita:

> «En lo que se refiere a la formación de la personalidad, la criminología norteamericana, desde el comienzo de este siglo, ha hecho hincapié en lo 'condicionado', lo adquirido. El énfasis en el desarrollo del yo y del super-ego a través de las experiencias cargadas de emociones, durante la infancia, en relación con los adultos que rodean al niño, y en la influencia de la cultura local, con respecto a los años posteriores, ha contribuido a oscurecer el hecho de que también hay diferencias en la constitución física. Los procesos de diferenciación y cristalización del yo y del super-ego, y la presión socio-cultural de la familia y de la comunidad desorganizadas, pueden ejercerse sobre un material constitucional muy variado» (15, p. 272).

Sería interesarse tratar las diferencias teóricas que hemos discutido, de la misma manera que lo hacen los Glueck en esta cita, como si fueran semejanzas más bien que diferencias. Esto serviría también para hacer resaltar, una vez más, una de las bases más importantes del pensamiento norteamericano respecto a la delincuencia y al crimen. Las diferencias entre los más importantes enfoques, sociológicos y psicológicos, son, en general, diferencias con respecto a cómo la delincuencia se adquiere a través de la experiencia social. Al tratar las investigaciones y los desarrollos teóricos incluidos dentro de la tendencia hacia la convergencia en el pensamiento sobre la criminalidad, tenemos que tener en cuenta este punto. Esta posición no presta mayor atención a los problemas de la constitución física.

IV

Antes de proceder a tratar los primeros indicios de la convergencia entre los enfoques sociológicos y psicológicos después de la última guerra, debemos analizar el trabajo reciente de los Glueck, «Unravelling Juvenile Delinquency», publicado en 1950 (16), que no encaja bien dentro de ninguna de las divisiones que hemos hecho. Podríamos, en efecto, afirmar que los Glueck son los más notables representantes del enfoque de los «factores múltiples», que Sutherland consideró, por tanto tiempo, como la antítesis de la ciencia sistemática. En muchos sentidos, este libro se encuentra en un punto intermedio entre los enfoques más exclusivistas del pasado y los intentos más recientes de una teoría interdisciplinaria.

Cualesquiera que sean sus méritos o sus defectos teóricos, no cabe duda que esta publicación ha recibido más atención, por parte de los profesionales y ha sido objeto de más reseñas y discusiones que ninguna otra obra desde la guerra y que, quizás, ningún otro trabajo sobre esta materia, publicado en los Estados Unidos.

«Unravelling Juvenile Delinquency» se caracteriza por su gran envergadura y, además, por su plan muy elaborado. Quinientas parejas de niños fueron equiparadas con respecto a la edad, el índice de delincuencia de la vecindad, el origen étnico y el 'IQ' Un niño en cada pareja era un delincuente consagrado y confinado en un reformatorio, no así el otro.

Con estos mil niños, se llevó a cabo una investigación de diez años, en un esfuerzo por determinar los factores que diferenciaban al delincuente del no delincuente. Asistentes sociales, psicólogos, antropólogos y psiquiatras, procedieron a medir los factores relativos a la familia, a la escuela, al ambiente de la comunidad, a la salud y constitución física, a aspectos cualitativos de la inteligencia, al carácter y estructura de la personalidad, y al temperamento. Los principales resultados de la investigación ocupan un poco más de doscientas tablas estadísticas.

Para nuestros fines, sin embargo, no interesa el número de datos presentados, sino las implicaciones teóricas de la investigación. En el primer capítulo del libro, los Glueck atacan la mayor parte de los enfoques adoptados en el estudio de la delincuencia, por pecar de énfasis exagerado o exclusivo en un solo tipo de factor causal. En este sentido, critican especialmente al «area approach» y al pensamiento sociológico, en general (16, págs. 4-6), expresándose de la siguiente manera:

> «Es evidente que el actual estado del conocimiento exige un enfoque ecléctico respecto al estudio de los procesos causales en la motivación y en la conducta humana. Por supuesto, tal encuesta debería estar concebida con el fin de revelar integraciones significativas de diversos datos pertenecientes a distintos niveles de la investigación» (16, p. 7).

Es precisamente por no haber logrado estos objetivos que su obra ha recibido las más acerbas críticas; a pesar de que pretende mantener un enfoque ecléctico, se inclina marcadamente en favor de variables del tipo individual y no del tipo social. Hasta el hecho de que fue necesario recorrer los barrios bajos de Boston para obtener un número suficiente de delincuentes para el estudio, no es tomado en cuenta en sus interpretaciones. Además, el resultado estadísticamente más significativo consistió en que los delincuentes tienen por amigos a otros delincuentes'' (16, Tabla XIII-17, p. 164).

> «Al menos en lo que se refiere a la delincuencia, 'los pájaros del mismo plumaje vuelan juntos'. Esta tendencia es un hecho mucho más fundamental que la afirmación que una accidental asociación diferencial de no delincuentes con delincuentes, constituye la causa básica del delito» (16, p. 164).

En otras palabras, dondequiera que los datos encontrados se refieran a los enfoques sociológicos tradicionales, se los ignora o se los desecha. Parece pues que todos los datos sociológicos, con excepción de los que se refieren a la familia, son excluidos de la «integración significativa», mencionada como el objetivo de su investigación. Es este tratamiento de sus propios datos lo que les ha valido a los Glueck una recepción de su obra, por parte de los sociólogos, en general desfavorable. Sin embargo, nos parece que gran parte de las críticas negativas de los sociólogos, son motivadas, tanto por el orgullo profesional herido, como por defectos fundamentales en el trabajo. «Unravelling Juvenile Delinquency» no constituye una verdadera contribución al pensamiento teórico y sistemático sobre la delincuencia. Es, sin embargo, una inapreciable fuente de información, y el mayor desafío a la labor teórica en los últimos años.

Podemos atribuir gran parte de la tempestad desatada en torno de la obra de los Glueck, al hecho de que se adhiere al enfoque de los «factores múltiples», en una época que le es adversa. En realidad, «Unravelling Juvenile Delinquency» es un compendio de las «condiciones concretas» que, según Sutherland, no constituyen sino la materia prima para el trabajo teórico.

3.

LA CONVERGENCIA EN EL PENSAMIENTO TEÓRICO DESPUÉS DE LA GUERRA

En lo que precede, hemos expuesto algunos de los desarrollos de la teoría y de la investigación desde la última guerra mundial, concentrándonos en aquellos que más o menos correspondían a los diferentes enfoques conceptuales del período.

Por el contrario, gran parte de los esfuerzos más notables de la postguerra están encaminados a reunir los enfoques dispares. Hay investigaciones hechas conjuntamente por psicólogos y sociólogos, que yuxtaponen simplemente los puntos de vista de las dos disciplinas. Se ha procedido a delimitar con mayor precisión los problemas, y a limitar las generalizaciones a un tipo de delincuencia o a un tipo de problemas, empleado tanto por la teoría psicológica como por la sociológica. Se ha intentado construir una teoría que supere las lagunas entre los diversos enfoques.

La tendencia a tomar en cuenta simultáneamente ambos enfoques, el psicológico y el tradicionalmente sociológico, tiene dos causas. Primero, se ha desarrollado en el campo de la criminología una conciencia de la necesidad de relacionar estos puntos de vista. Recordemos la afirmación hecha por Sutherland, en 1943, de que las relaciones entre las características personales y los patrones de asociación constituyen el problema central de la teoría y de la investigación.

La segunda causa de esta tendencia, la constituye el movimiento general hacia un contacto más estrecho entre las distintas disciplinas de las ciencias sociales en los Estados Unidos. Si quisiéramos dar un nombre al período posterior a la guerra, lo llamaríamos: «la era del pensamiento interdisciplinario». Muchas corrientes han contribuido a eso. En el campo de la psicología la posición teórica de Kurt Lewin y de sus continuadores, y el desarrollo de la teoría de los grupos de referencia en psicología social, por autores como Hyman, Newcomb y Sherif, han tenido importancia.

Los esfuerzos de Parsons, y de sus colaboradores, para desarrollar una teoría general de la acción social, la influencia creciente de la psiquiatría social en el trabajo de autores como Harry Stack Sullivan, son representativos del espíritu de la época. En este clima era natural que los estudios sobre la delincuencia siguieran la misma corriente.

En vista de una tendencia general favorable a la coordinación de las distintas disciplinas, sería antojadizo atribuir el desarrollo reciente a factores propios de la criminología o dar mayor significado a la contribución de uno cualquiera de los autores. No obstante, es instructivo señalar las afirmaciones formuladas por Sutherland, en 1943, al hacer sus recomendaciones para la futura investigación.

El lector recordará que el problema central para Sutherland consistía en investigar las relaciones entre las características personales y los patrones asociacionales. También indicó que uno de los caminos para realizar esto consistía en aislar diversos tipos de delincuentes, a base de los cuales se pudieran sistematizar los diferentes factores sociales y personales. El lector recordará el énfasis que puso en la necesidad de una labor teórica cuidadosa en semejante intento, y su oposición al desarticulado enfoque de los «factores múltiples».

Uno de los mejores indicios de la tendencia convergente, lo constituye la investigación de tipos de delincuentes. Dos investigaciones llevadas a cabo después de la guerra, merecen ser mencionadas. La primera se debe a Lester Hewitt y Richard Jenkins y la segunda, a Albert Reiss (20, 39).

El estudio de Hewitt y Jenkins se basa en la obra anterior de Jenkins que ya hemos analizado. En aquel trabajo Jenkins describe tres tipos de delincuentes encontrados en la práctica clínica, y elabora algunas hipótesis relativas a las constelaciones de factores familiares que corresponden a cada tipo. La obra posterior de Hewitt y Jenkins contiene los resultados de un estudio hecho para aislar los tipos de Jenkins, y para comprobar sus hipótesis, a base de una muestra de 500 niños confinados en un reformatorio.

A base de las correlaciones estadísticas entre ciertas características contenidas en los informes clínicos, los autores llegaron a construir tres «tipos ideales de patrones" de inadaptación. Luego aplicaron el mismo procedimiento a los antecedentes familiares y comunales correspondientes a estos tipos, aislando así cuatro síndromes de antecedentes.

Los tres tipos de conducta eran: el niño agresivo no-socializado, el delincuente socializado, y el niño excesivamente inhibido. Los síndromes de antecedentes elaborados a base de los informes individuales eran, respectivamente, el rechazo, el descuido y la falta de control, la protección excesiva por parte de los padres y los defectos físicos. Los dos últimos síndromes se relacionaban con la inhibición excesiva del niño.

El agresivo no-socializado se describe como aquel que manifiesta «tendencias belicosas, rabietas, matonismo, sentimientos vengativos, desafío a la autoridad...» (20, p. 26). El delincuente socializado se caracteriza por «actividades de pandilla, robo cooperativo, hurto agresivo, aficiones noctámbulas, vagabundaje...» (20, p. 26). El fuertemente inhibido es «sensitivo, solitario, retraído, torpe, celoso...» (20, p. 26).

Evidentemente, solo los dos primeros tipos tienen antecedentes de delincuencia. El delincuente socializado se caracteriza, según escribe Jenkins en un apéndice del libro, por una socialización básica suficiente como para que se desarrollen controles interiores sobre la agresividad, pero por un contenido del super-ego que se deriva más bien de los valores de las pandillas delincuentes que de los valores convencionales de la sociedad.

El segundo estudio de tipos que ha captado la atención en los Estados Unidos es el de Albert Heiss, publicado en 1952. Este estudio se basa en el trabajo de Hewitt y Jenkins, en el anterior de Jenkins y de Topping y en los de las escuelas sociológicas (39).

El método de Reiss difiere, en parte, del de Hewitt y Jenkins. El título del artículo es indicativo al respecto: «Social Correlates of Psychological Types of Delinquency». Reiss empleó una muestra de 1.110 niños que ya habían comparecido ante los Tribunales de Menores de Chicago y que habían sido diagnosticados por psiquiatras y por trabajadores sociales. En todos los casos se trataba de muchachos. A base de los informes individuales, Reiss trató de determinar cuáles eran los factores de los antecedentes sociales que diferenciaban los tipos de diagnóstico. Empleó tres de estos tipos: el delincuente relativamente bien integrado, el delincuente con un superego defectuoso y el delincuente con un ego débil. Las descripciones psiquiátricas son las siguientes:

> «El delincuente relativamente integrado es un adolescente con controles personales más o menos integrados, y que seguramente llegará a ser un adulto maduro e independiente. Los delincuentes con controles del ego relativamente débiles, son considerados, generalmente, como personas muy inseguras, con muy escasa estimación propia o como personas muy agresivas y hostiles. A menudo experimentan grandes conflictos interiores y manifiestan una marcada angustia. Los delincuentes con controles del super-ego defectuosos no han interiorizado los controles que en una sociedad de clase media aseguran la conformidad social, y experimentan poco sentimiento de culpabilidad cuando cometen sus actos delictuosos. Típicamente se identifican con una cultura propia de los grupos adolescentes que rechaza estas normas (39, págs. 710-711).

Reiss, entonces, procedió a investigar la correlación entre una amplia variedad de factores sociológicos y estos tipos psiquiátricos. No podemos presentar en detalle los resultados, dada su considerable extensión. Los factores fueron clasificados bajo las denominaciones «orientación y control de la comunidad», «orientación y control institucional" y «controles de los grupos primarios». Los tres tipos fueron definidos en términos de los controles personales sobre la conducta manifestada.

El estudio de Reiss, el de Hewitt y Jenkins, los estudios de Fritz Redl, que trataremos en breve junto con la obra anterior de Jenkins y Topping, y la obra aún más antigua de Lindesmith y Dunham constituyen una especie de tradición tipológica, dentro del estudio de la delincuencia en los Estados Unidos. Todas estas tipologías están fuertemente impregnadas por las categorizaciones psicoanalíticas y psiquiátricas, lo cual significa un gran triunfo para los puntos de vista psicoanalíticos. Sin embargo, este triunfo no fue conseguido sino después de haber hecho concesiones considerables a las concepciones sociológicas, respecto a la naturaleza de los grupos y a las culturas delincuentes.

Uno de los más notables ejemplos que demuestran el impacto de las influencias sociológicas en autores de tendencia psicoanalítica, lo constituye un artículo de Fritz Redl (35). El rasgo más sobresaliente de este artículo consiste en que un psicoanalista admite que el grupo desempeña un papel importante en el desarrollo de la delincuencia. Redl describe distintos tipos de delincuentes, terminando con el «delincuente genuino» que se caracteriza, no por los elementos propios de un conflicto neurótico, sino por una fuerte identificación con la pandilla de delincuentes y por la interiorización de sus normas. El «delincuente genuino» de Redl es parecido al «delincuente socializado» de Hewitt y Jenkins y al «delincuente con un super-ego defectuoso» de Reiss. El artículo de Redl recalca las importantes funciones de sostén que tienen estas normas para el delincuente. También señala el hecho de que la pandilla delincuente, como cualquier otro grupo desviado y atacado, elabora un sistema de controles estrictos con el objeto de impedir que alguno de sus miembros la traicione. Desde este punto de vista, la «delincuencia genuina" queda fuera de las enfermedades mentales, e incluida dentro de la categoría de la conducta desviada, siendo objeto del mismo análisis que se aplica a cualquier clase de desviación colectiva.

Por cierto, este planteamiento de Redl contiene pocas novedades; sin embargo, no debe olvidarse que este artículo apareció en una publicación psicoanalítica. Representa una importante traducción de conceptos sociológicos en términos psicológicos, e indica el grado de interrelación conceptual que se está desarrollando en el campo de la delincuencia. Quizás, la mayor contribución sustancial del artículo consiste en haber llamado la atención de los que se inclinan a la psiquiatría hacia el hecho de que las actitudes delincuentes de sus casos desempeñan una función psicológica esencial, y que esas funciones solo pueden cumplirse si estas actitudes forman parte de la cultura de un grupo. El «delincuente genuino» se comporta conforme con una positiva moralidad delictiva.

A este artículo de 1945, le siguieron, en 1953 y 1954, dos libros, escritos por Redl y David Wineman (36, 37). Se trata de estudios que tenían por objeto un pequeño grupo de delincuentes muy hostiles y agresivos. El primer libro, «Children Who Hate», es una presentación muy imaginativa, pero poco sistemática de este tipo de delincuencia. Constituye, quizás, el más profundo estudio de una categoría de delincuentes que ha preocupado a los autores desde Aichorn y que es, en esencia, el «delincuente agresivo» de Topping y el muchacho «agresivo y no socializado» de Hewitt y Jenkins.

Sin embargo, para nuestros fines, lo importante del libro consiste en que desplaza la atención, dentro del enfoque psicoanalítico de la delincuencia, del énfasis en la motivación patológica al énfasis en los controles intra-personales de la conducta. Gran parte del estudio de Redl y Wineman se dedica a demostrar que las funciones del ego de estos muchachos están tan debilitadas que no les es posible controlar sus impulsos ni postergar su satisfacción.

Por otro lado, los autores presentan, no tanto un cuadro de la personalidad incontrolada, sino un detallado análisis clínico de cómo el yo puede funcionar muy eficazmente en la defensa de los deseos delictivos y del contenido moral delictivo de su super-ego. Parece que no les falta la capacidad de controlar su conducta cuando se trata de obtener satisfacciones por medios delictivos, o cuando el muchacho está defendiendo un conjunto de valores morales de la misma naturaleza.

En otras palabras, lo que Redl y Wineman presentan no es el cuadro clásico de un niño emocionalmente perturbado, sino el de un niño cuyas perturbaciones van acompañadas de una aceptación positiva y profunda de la delincuencia como forma de vida y eso, a pesar del hecho de que la hostilidad y agresividad de estos muchachos no les permite sino una participación marginal e intermitente en la pandilla. En el primero de los libros de Redl y Wineman, encontramos, pues, el más completo y detallado estudio del super-ego delincuente, cargado de valores delictivos, derivados de la asociación diferencial. En defensa de sus convicciones delictuosas, el yo del muchacho —aparentemente tan incapaz de controlar su conducta conforme con las exigencias convencionales— se convierte en un defensor de la delincuencia, que resiste en forma hábil y persistente a todo cambio. Este es un cuadro bastante diferente del presentado anteriormente, en el que aparece el delincuente como un ser desprovisto de valores morales, como un caso psicopatológico cuya personalidad no tiene ningún contenido moral. En otras palabras, «los niños que odian», son delincuentes de pandilla en el sentido de la tradición clásica de Shaw y McKay y de Sutherland, excepto con respecto al hecho de que los autores consideran la socialización en el seno de la familia como la causa del odio y de la hostilidad.

En su primer libro, Redl y Wineman señalan que es posible concentrarse en los impulsos hostiles de estos muchachos o en el aparato de control personal que *no* impide la manifestación de tales impulsos. Ellos escogieron los controles como objeto de su análisis. En el segundo libro, que se ocupa de los mismos niños, se exponen sus experiencias en el desarrollo de procedimientos terapéuticos. El libro se titula, «Controls from Within» (37).

Cuando los psicoanalistas se concentran en aquella parte de la personalidad que controla la conducta —es decir, en el nivel del super-ego y del ego-ideal— la similaridad de su pensamiento con el de los sociólogos se hace notoria. En un segundo artículo, basado en su investigación en Chicago, Reiss, un sociólogo, se refiere ya en el título a «la delincuencia como fracaso de los controles personales y sociales» (38).

Podemos decir que la tendencia hacia la convergencia entre el pensamiento psicológico y el sociológico se realiza sobre todo en el plano de los controles morales del individuo; los sociólogos, se interesan más por la interacción social que determina semejante control, mientras que a los autores con orientación psicoanalítica, les interesa principalmente el lugar que ocupa dicho aparato de control dentro de la estructura total de la personalidad. Quizás esto no parezca algo nuevo; sin embargo, significa que los representantes de las diversas disciplinas han entrado en una discusión seria y que se ha abierto el camino para una colaboración más fructífera en el futuro.

Hasta ahora hubo un solo intento de derivar una teoría general de estas tendencias inter-disciplinarias. Se trata de la teoría de la «identificación diferencial» de Daniel Glaser, ya mencionada. El análisis que Redl y Wineman hacen del yo y el super-ego delincuente, constituye una de las fuentes de que se sirve Glaser para sostener su tesis de que la teoría de la «identificación diferencial» proporciona una explicación más general que el psicoanálisis tradicional. El enfoque de Glaser proviene de una fuente muy diferente de la de Redl y Wineman. Glaser basa su teoría en la psicología social de George Herbert Mead (31). Una cita de Glaser servirá para mostrar esta importante corriente que se manifiesta en la actual labor teórica realizada en los Estados Unidos.

> «El original análisis que Aichorn hace del ego-ideal, al tratar la terapéutica por el ambiente, ahonda considerablemente en el tema de la identificación diferencial, tanto en el caso de la delincuencia colectiva, como en el caso de la delincuencia individual. Redl y Wineman, descartando el postulado de Aichorn con referencia a los instintos, están aún más ligados al análisis del papel social para interpretar la conducta y para justificar ciertas técnicas terapéuticas. Al aplicar concepciones freudianas al análisis del papel social, se ven obligados a describir en términos contradictorios el yo reificado del delincuente, un yo que aparece como débil o como fuerte según el capítulo que se lea. Es bastante fácil interpretar sus datos en el sentido de que, en el caso de un yo débil, demuestran la existencia de papeles ambivalentes e indefinidos y, en el caso de un yo y de un super-ego delincuentes, la de papeles delincuentes altamente organizados y asimilados, y de que la terapéutica significa un desplazamiento en la identificación de personas delincuentes a personas no delincuentes» (13, p. 443).

En otras palabras, con el énfasis de la teoría psicoanalítica en el super-ego delincuente como un elemento positivo de la personalidad, es posible volver a emplear categorías sociológicas tradicionales en el análisis teórico.

Al cabo de todas estas vicisitudes, el lector se preguntará quizás si el «enfoque sociológico" ha sobrevivido al movimiento inter-disciplinario. Por ejemplo, se preguntará si los factores destacados por Shaw y McKay han desaparecido del estudio de la delincuencia en los Estados Unidos. ¿Dónde aún se mencionan las grandes fuerzas sociales, los procesos ecológicos que se desarrollan dentro de la estructura de la ciudad, la organización social de las áreas de delincuencia, la estructura de clases de la sociedad norteamericana? Se podrá preguntar también cuál ha sido la suerte del enfoque representado por Healy y Bronner, que resaltaba las frustraciones experimentadas por el niño en el hogar. ¿Y qué ha sido de aquel movimiento que resaltó la importancia de las frustraciones y deficiencias en la escuela, en el hogar y en la comunidad para el estudio de la delincuencia?

Ninguno de estos enfoques ha desaparecido. Como la más reciente manifestación de la tendencia hacia la convergencia en la teoría, mencionaremos una que persigue como tarea principal, la integración de las diversas corrientes, en un esfuerzo por explicar aquel fenómeno esencial para el «enfoque sociológico» que es la «sub-cultura delincuente».

Quizás ninguna otra publicación pueda ilustrar mejor los efectos del interés por la teoría en la postguerra, que el libro «Delinquent Boys» (1955) de Albert K. Cohen. Como discípulo de Sutherland está entroncado en la tradición sociológica, pero también está familiarizado con los diversos enfoques psicológicos. Tiene como meta la de orientar estos enfoques hacia la solución de un solo problema clave —las fuentes de aquella forma estructurada de vida llamada la «sub-cultura delincuente».

El libro destaca la contribución que Shaw y McKay hicieron con respecto al aislamiento de este fenómeno. Delimita, dentro del campo total de la delincuencia, un solo problema —el de la delincuencia de pandillas en áreas urbanas, ocupadas por la clase obrera. Lo interesante para nuestros fines, consiste en los esfuerzos del autor por integrar el material de Shaw y McKay, la labor teórica de Sutherland, los trabajos de autores como Redl con respecto a las funciones psicológicas en la formación de la pandilla, y otras corrientes de pensamiento.

Presentamos brevemente la tesis del libro. El muchacho oriundo de la clase obrera dentro de la sociedad norteamericana, como cualquier otra persona, deriva sus satisfacciones fundamentales de la aprobación que los demás hacen de su conducta cuando ella concuerda con los valores por ellos sustentados. En la sociedad norteamericana, la mayoría de estos valores se refieren al éxito económico y profesional, al ascenso social. Estos son los valores de la «clase media», dominantes en esta sociedad. Las cualidades personales, tales como la ambición, el empleo racional del tiempo libre, la cortesía, el control de la agresividad, etc., consideradas por las instituciones sociales dominantes como requisitos en la realización de aquellos valores, constituyen las normas de la conducta aceptada empleadas por la escuela en su tarea de socializar y educar a los jóvenes.

Sin embargo, como consecuencia de las diferencias de una clase a otra con respecto a la socialización en la familia, el muchacho de la clase obrera encuentra mayores dificultades al intentar cumplir con estos valores. La escuela constituye para muchos de estos muchachos una amenaza constante que afecta su status y su estimación propia, porque, en gran parte, han interiorizado valores de la «clase media». Por lo tanto, el juicio negativo del colegio se combina con el juicio negativo del muchacho con respecto a sí mismo. Las tensiones creadas por esta situación, no pueden ser reducidas sino por el desarrollo de un sistema alternativo de valores que debe ser, no solamente diferente sino opuesto al que utiliza la clase media para medir el fracaso y la derrota.

La subcultura delincuente representa, pues, una inversión total de la escala de valores de la clase media. No solo ayuda al muchacho a substraerse a la cultura que lo castiga, sino que también desempeña la función psicológica de impedir que los valores de la clase media, previamente interiorizados, provoquen el remordimiento. El rechazo de la cultura de la clase media, y su desvalorización, son necesarios para el equilibrio psicológico del muchacho, presuponiendo una contra-cultura en la que se apoya.

Cohen señala la importancia que tienen los procesos ecológicos que reúnen en las zonas de alta delincuencia a gran número de muchachos que tienen de común aquel problema de adaptación. El gran número de ellos permite inventar y elaborar una solución colectiva para tal problema. Una vez formada la pandilla y elaboradas sus normas adversas a los valores de la clase media, los procesos de ataque y contraataque que envuelven a la policía y a otros, intensifican aún más el carácter de «estado de guarnición» que presenta la subcultura delincuente.

Esta presentación del análisis de Cohen es muy breve e incompleta. El libro es uno de los más notables ejemplos en conformidad con la tesis de Sutherland, según la cual es necesario relacionar sistemáticamente los diferentes enfoques para lograr una mejor comprensión de la delincuencia. El libro es la antítesis misma del enfoque de los «factores múltiples».

La comparación de este libro con el enfoque empleado por los Glueck en «Unravelling Juvenile Delinquency», servirá para demostrar claramente la diferencia entre dos concepciones distintas con respecto a como habría que proceder en el análisis teórico.

Dos puntos más deben mencionarse cuando se coloca la obra de Cohen dentro de la «convergencia», que constituye una de las corrientes más importantes de la postguerra. El primer punto se refiere a la cuidadosa forma en que se delimita el problema. Cohen no pretende desarrollar una teoría general de la delincuencia. Sostiene que la delincuencia en grupos puede tener antecedentes bien distintos en un ambiente de clase media. Esto concuerda con la tendencia de aislar un tipo de delincuencia, o una sola faceta del problema, y tratarla con todos los instrumentos, tanto de la psicología como de la sociología; un indicio de que los conflictos anteriores han perdido su fuerza.

El otro punto consiste en la combinación de lo que es esencialmente la teoría psicoanalítica de las defensas con el análisis sociológico de la subcultura y de los grupos delincuentes, en un esfuerzo por explicar por qué la subcultura delincuente se opone tan violentamente a las exigencias de una sociedad de clase media. La idea de que el delincuente pueda estar forzado a aferrarse a un sistema de valores socialmente inaceptables, para impedir la interiorización de los valores socialmente aceptables, está bien lejos de la clásica teoría de la neurosis, y prueba cómo ha cambiado la teoría psicoanalítica y cuán provechoso puede ser el pensamiento interdisciplinario. Y también está muy lejos de la teoría de la «transmisión cultural», sostenida por muchos sociólogos.

Con la obra de Cohen terminamos esta parte dedicada a la convergencia del enfoque sociológico con el psicológico. Podrá parecer que esta «convergencia» sea un 'híbrido frágil y raro'. En muchos aspectos lo es. Hemos procurado evitar la impresión de que una nueva y estable estructura teórica esté formándose. Este no es el caso. Sin embargo, es cierto que la mayor parte de los trabajos importantes y específicamente criminológicos de hoy en los Estados Unidos, pueden ser descritos como socio-psicológicos, más bien que puramente sociológicos o puramente psicológicos. Esta tendencia puede reflejarse débilmente en meras yuxtaposiciones mecánicas de datos procedentes de perspectivas distintas, como en el trabajo de los Glueck, o con mayor vigor, en esfuerzos sistemáticos por desarrollar lazos teóricos como en el libro de Cohen.

BIBLIOGRAFÍA

AICHORN, August, WAYWARD YOUTH. New York: The Viking Press, 1935.

ALEXANDER, Franz y Staub, Hugo. THE CRIMINAL, THE JUDGE AND THE PUBLIC. New York: The Mae Millan Company, 1931.

BOGEN, David. *Juvenile Delinquency and Economic Trends,* AMERICAN SOCIOLOGICAL REVIEW, 9 (junio, 1944).

CANTOR, Nathaniel. *Recent Tendencies in Criminological Research in Germany,* AMERICAN SOCIOLOGICAL REVIEW, 1 (junio, 1936).

COHEN, Albert. DELINQUENT BOYS, Glencoe, Illinois: The Free Press, 1955.

COHEN, Albert. Lindesmith, Alfred y Schuessler, Karl. THE SUTHERLAND PAPERS, Bloomington, Indiana: University of Indiana Press, 1956.

CRESSEY, Donald R. *Application and Verification of the Differential Association Theory,* JOURNAL OF CRIMINAL LAW, CRIMINOLOGY AND POLICE SCIENCE, 43 (mayo-junio, 1952), pp. 43-52.

—. *Differential Association and Compulsive Crimes,* JOURNAL OF CRIMINAL LAW, CRIMINOLOGY AND POLICE SCIENCE, 45 (mayo junio, 1954), pp. 2940.

—. OTHER PEOPLE'S MONEY: A STUDY IN THE SOCIAL PSYCHOLOGY OF EMBEZZLEMENT. Glencoe, Illinois: The Free Press, 1953.

DOLLARD, John y otros. FRUSTRATION AND AGGRESSION. New Haven: Yale University Press, 1939.

EISSLER, K. R. ed. SEARCHLIGHTS ON DELINQUENCY, New York: The International Universities Press, Inc., 1949.

—. *Some Problems of Delinquency,* en Eissler, K. R. ed., SEARCHLIGHTS ON DELINQUENCY. New York: The International Universities Press, Inc., 1949.

GLASER, Daniel. *Criminality Theories and Behavioral Images,* AMERICAN JOURNAL OF SOCIOLOGY, 61 (marzo, 1951), pp. 433-444.

GLUECK, Sheldon. *Theory and Fact in Criminology,* BRITISH JOURNAL OF DELINQUENCY, 6 octubre, 1956).

GLUECK, Sheldon y Glueck, Eleanor. PHYSIQUE AND DELINQUENCY, New York. Harper & Brothers, 1956.

GLUECK, Sheldon y Glueck, Eleanor. UNRAVELLING JUVENILE DELINQUENCY. Cambridge: Harvard University Press, 1950.

HAYNER, Norman S. *Delinquency Areas in Puget Sound,* AMERICAN JOURNAL OF SOCIOLOGY, 43 (mayo, 1938), pp. 908-919.

HEALY, William. THE INDIVIDUAL DELINQUENT. Boston: Little, Brown and Company, 1915.

HEALY, William y Bronner, Augusta, F. NEW LIGHT ON DELINQUENCY AND ITS TREATMENT. New Haven: Yale University Press, 1936.

HEWITT, Lester E. y Jenkins, Richard, L. FUNDAMENTAL PATTERNS OF MALADJUSTMENT, Springfield, Illinois: State of Illinois, 1946.

HOOTON, Ernest A. CRIME AND THE MAN, Cambridge: Harvard University Press, 1939.

JACOBSON, Edith. *Observations on the Psychological Effect of Imprisonment on Female Political Prisoners,* en Eissler, K. R. ed., SEARCHLIGHTS ON DELINQUENCY. New York: The International Universities Press, Inc., 1949, pp. 341-368.

JENKINS, Richard L. *Child-Parent Relationships and Delinquency and Crime,* en Reckless Walter C. THE ETIOLOGY OF DELINQUENT AND CRIMINAL BEHAVIOR. Social Science Research Council, Bulletin 50. New York: Social Science Research Council, 1943.

JOHNSON, Adelaide. *Sanctions for Superego Lacunae of Adolescents,* en Eissler, K. R. SEARCHLIGHTS ON DELINQUENCY. New York: The International Universities Press, Inc., 1949.

JONASSEN, Christian, *Re-evaluation of the Logic and Some of the Methods of Shaw and McKay,* AMERICAN SOCIOLOGICAL REVIEW, 14 (octubre), 1949, pp. 608-614.

KOBRIN, Solomon. *The Conflict of Values in Delinquency Areas.* AMERICAN SOCIOLOGICAL REVIEW, 16 (octubre, 1951), pp. 653-662.

KVARACEUS, William C. THE COMMUNITY AND THE DELINQUENT. Yonkers-on-Hudson, New York: The Wold Book Co., 1954.

LANDER, Bernard. TOWARDS AN UNDERSTANDING OF JUVENILE DELINQUENCY. New York: Columbia University Press, 1954.

LINDESMITH, Alfred R. OPIATE ADDICTION. Bloomington, Indiana: University of Indiana Press, 1947.

LINDESMITH, Alfred R. y Dunham, H. Warren. *Some Principles of Criminal Typology*. SOCIAL FORCES, 19 (marzo, 1941), pp. 307-314.

MEAD, G. H. MIND, SELF, AND SOCIETY. Chicago: University of Chicago Press, 1934.

MERTON, Robert. *Social Structure and Anomie,* en: Merton, Robert: SOCIAL THEORY AND SOCIAL STRUCTURE. Glencoe, Illinois: The Free Press, 1949, pp. 125-142.

MONACHESI, Elio D. *Trends in Criminological Research in Italy*. AMERICAN SOCIOLOGICAL REVIEW, 1 (junio, 1936), 396-406.

RECKLESS, Walter C. THE ETIOLOGY OF DELINQUENT AND CRIMINAL BEHAVIOR. Social Science Research Council, Bulletin 50. New York: Social Science Research Council, 1943.

REDL, Fritz. *The Psychology of Gang Formation and the Treatment of Juvenile Delinquents,* XXX, THE PSYCHOANALYTIC STUDY OF THE CHILD, Vol. 1, New York: The International Universities Press, 1947, 367-377.

REDL, Fritz y Wineman, David. CHILDREN WHO HATE. Glencoe, Illinois: The Free Press, 1951.

—. CONTROLS FROM WITHIN. Glencoe, Illinois: The Free Press, 1952.

REISS, Albert J., Jr. *Delinquency as the Failure of Personal and Social Controls,* AMERICAN SOCIOLOGICAL REVIEW, 16 (abril, 1951), 196-207.

—. *Social Correlates of Psychological Types of Delinquency,* AMERICAN SOCIOLOGICAL REVIEW, 17 (diciembre, 1952), 710-718.

RIEMER, Svend. *The «Ideal Type» in Criminological Research,* en Reckless, Walter C. THE ETIOLOGY OF DELINQUENT AND CRIMINAL BEHAVIOR. Social Science Research Council, Bulletin 50. New York: Social Science Research Council, 1943.

ROBISON, Sophia. CAN DELINQUENCY BE MEASURED. New York: Columbia University Press, 1936.

SCHUESSLER, Karl F., y Cressey, Donald R. *Personality Characteristics of Criminals,* AMERICAN JOURNAL OF SOCIOLOGY, LV (marzo, 1950), 476, 484.

SELLIN, Thorsten. CULTURE CONFLICT AND CRIME. Social Science Research Council, Bulletin 41. New York: Social Science Research Council, 1938.

SHAW, Clifford R., y McKay, Henry D. JUVENILE DELINQUENCY AND URBAN AREAS. Chicago: The University of Chicago Press, 1942.

—. *Social Factors in Juvenile Delinquency,* REPORT ON THE CAUSES OF CRIME, Vol. II, National Commission on Law Observance and Enforcement. Washington: United States Government Printing Office, 1931.

SHELDON, William H. VARIETIES OF DELINQUENT YOUTH: AN INTRODUCTION TO CONSTITUTIONAL PSYCHIATRY. New York: Harper & Brothers, 1949.

SUTHERLAND, Edwin H. *The American Criminal and Crime and the Man,* JOURNAL OF CRIMINAL LAW AND CRIMINOLOGY, XXIX (junio, 1939) 911-14.

—. *Mental Deficiency and Crime,* en Young, Kimball, ed., SOCIAL ATTITUDES. New York: Henry Holt and Co. 1931, 522-529.

—. PRINCIPLES OF CRIMINOLOGY. 3.ª edición New York: J. B. Lippincott and Company, 1939.

—. PRINCIPLES OF CRIMINOLOGY, 4.ª edición, New York: J. B. Lippincott and Company, 1947.

—. *The Relation Between Personal Traits and Associational Patterns,* en Reckless, Walter C. ed. THE ETIOLOGY OF DELINQUENT AND CRIMINAL BEHAVIOR. Social Science Research Council, Bulletin 50. New York: Social Science Research Council, 1943.

—. *The Sexual Psychopath Laws,* JOURNAL OF CRIMINAL LAW AND CRIMINOLOGY, XL (enero-febrero de 1950), 553-554.

—. *Critique of Sheldon's,* VARIETIES OF DELINQUENT YOUTH, AMERICAN SOCIOLOGICAL REVIEW, 16 (febrero, 1951), 10-16.

Swanson, Guy E. EMOTIONAL DISTURBANCES AND JUVENILE DELINQUENCY. Unpublished doctoral dissertation, Division of the Social Sciences, University of Chicago, 1948.

Thomas, William I., y Znaniecki, Florian. THE POLISH PEASANT IN EUROPE AND AMERICA. Vol. IV, Boston: Richard C. Badger, 1920.

Topping Ruth, *Case Studies of Aggressive Delinquents,* AMERICAN JOURNAL OF ORTHOPSYCHIATRY, XI (julio, 1941), 485492.

—. *Treatment of the Pseudo-Social Boy.* AMERICAN JOURNAL OF ORTHOPSYCHIATRY, XIII (abril, 1943), 353-360.

Wood, Arthur Lewis. *Minority Group Criminality and Cultural Integration,* JOURNAL OF CRIMINAL LAW AND CRIMINOLOGY, XXXVII (marzo-abril, 1947), 498-510.

Whyte, William Foote. *Social Organization in the Slums,* AMERICAN SOCIOLOGICAL REVIEW, 8 (febrero, 1943), 34-39.

—. STREET CORNER SOCIETY. Chicago: University of Chicago Press, 1943.

Wirth, Louis. *Culture, Conflict and the Violation of Conduct Norms,* SOCIAL FORCES, IX (junio, 1931), 484492.

Zilboorg, Gregory. *On Social Responsability,* en Eissler, K. R. ed., SEARCHLIGHTS ON DELINQUENCY, New York: The International Universities Press, Inc., 1949.

TEORÍA E INVESTIGACIÓN EN LA DELINCUENCIA JUVENIL
EN LOS ESTADOS UNIDOS.
CORRIENTES DE MAYOR IMPORTANCIA DESDE 1930,
de DAVID J. BORDUA, se imprimió
en la República Argentina en abril de 2023.